水谷勇夫と舞踏

目次

【写真】表紙、30、32 、34「大野一雄舞踏公演『蟲びらき』1988年」より　撮影：池上直哉

＊本書は、二〇二〇年四月三日（金）～五月三一日（日）に愛知県美術館展示室6で開催された小企画「水谷勇夫と舞踏」展に合わせて制作された（同展は、新型コロナウィルス感染拡大防止のため一時休止後、同年六月二五日（木）～九月六日（日）で再開された）。

＊右の企画展示にかかわる図版は、本書の6～15頁および38～39頁に掲載した（※印の付いたものは非展示資料）。特記のあるものを除いて、作品・資料はすべて個人蔵である。

＊本書に再録した故人の文章は、オリジナリティを尊重し、原則として原文のまま掲載したが、一部、註により修正を加えたものもある。

熱風の時代回顧
「水谷勇夫と舞踏」展によせて

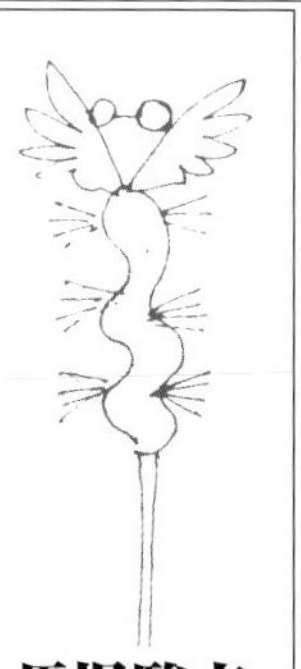

馬場駿吉
美術・舞台芸術評論家

美術家水谷勇夫に出会ったのは、現代美術にめざめたばかりの1960年代が始まってまだ数年の頃。当時の名古屋には数少なかった、新しい時代にふさわしい作品を扱うサカエ画廊でのことだった。私よりほぼ10歳ほど年長。徴兵されて中国で終戦を迎えた戦中派だ。大陸から復員して知ったのは、空襲で母は死亡。肉親は離散状態になったこと。絵を描くだけが生きる力を与えてくれたという。和紙に顔料や墨汁を用いる日本画の技法が多用されるがブラシを用いるなど、日本画、洋画の境界を取り払う自由で独自な作風には熱気のほとばしりを感じさせるものがあった。

その頃、同じ画廊が作品を取扱い始めた鎌倉在住、同年輩の美術家加納光於とも親交を得ることになった。1950年代の終りから60年代にかけては、様々な分野で戦後体制からの脱却の動きが盛んとなり、芸術の世界もその例外ではなかった。美術の世界でも従来の概念にこだわらぬ様々な試みが次々と興ったが、一方では、身体をもって直接表現するダンスや演劇など舞台芸術との共同作業も密接度を高め、異次元的な新しいイメージ表現が次々と現れ始めたのだった。そうした東京の情報を加納から伝えられ、土方巽、大野一雄、笠井叡などの舞踏公演に立ち会うための東京通いが急増し、少々、得意な気分だった。ところが灯台下暗し ——水谷勇夫はすでに58年と60年に東京での個展に土方巽の訪問を受け、彼の主催する「土方巽DANCE EXPERIENCEの会」（60年）の舞台美術を担当していたのだ。なお、この前年（59年）に土方が企画・演出した公演『禁色』には去る1月（2020年）に他界した一雄の次男、大野慶人が共演していて、網目のようなつながりの濃さをしばらくして知り、不明を恥じ入った次第。1986年1月、土方巽が逝去。その追悼の意をこめた大野一雄・慶人による公演『蟲びらき』（88年）の舞台美術を水谷が担当することになったのも、こうした相関を振り返ってみると、当然の配剤だと納得する。名古屋の七ツ寺共同スタジオでの再演（90年）に立ち会ったが、背高泡立草の先に紙細工のカマキリをつけたものを観客に持たせて、客席を野原化した水谷のアイデアの斬新さが今も鮮やかだ。だが当時の関係者の多くが物故されたのは淋しい。

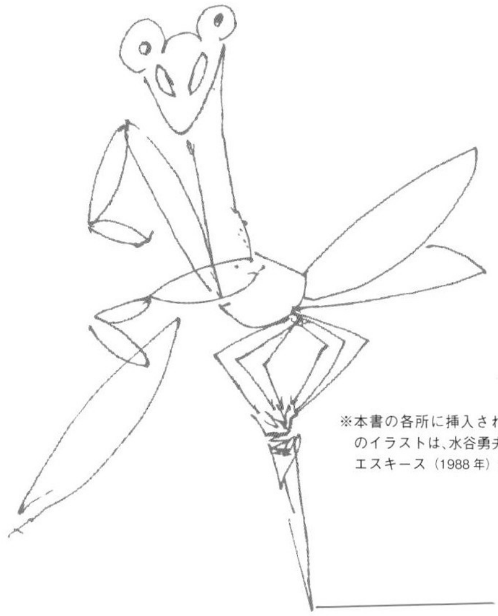

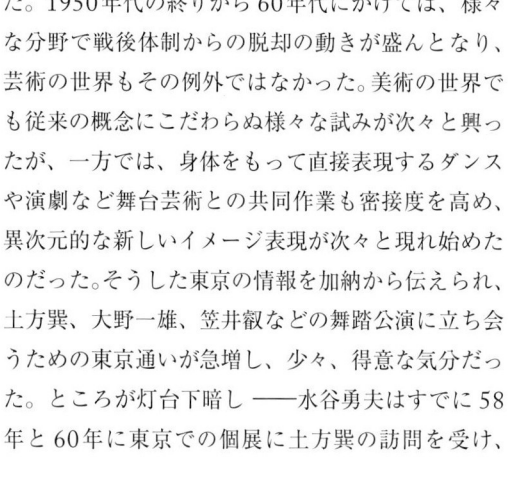

※本書の各所に挿入されている手描きのイラストは、水谷勇夫の『蟲びらき』エスキース（1988年）から抽出した

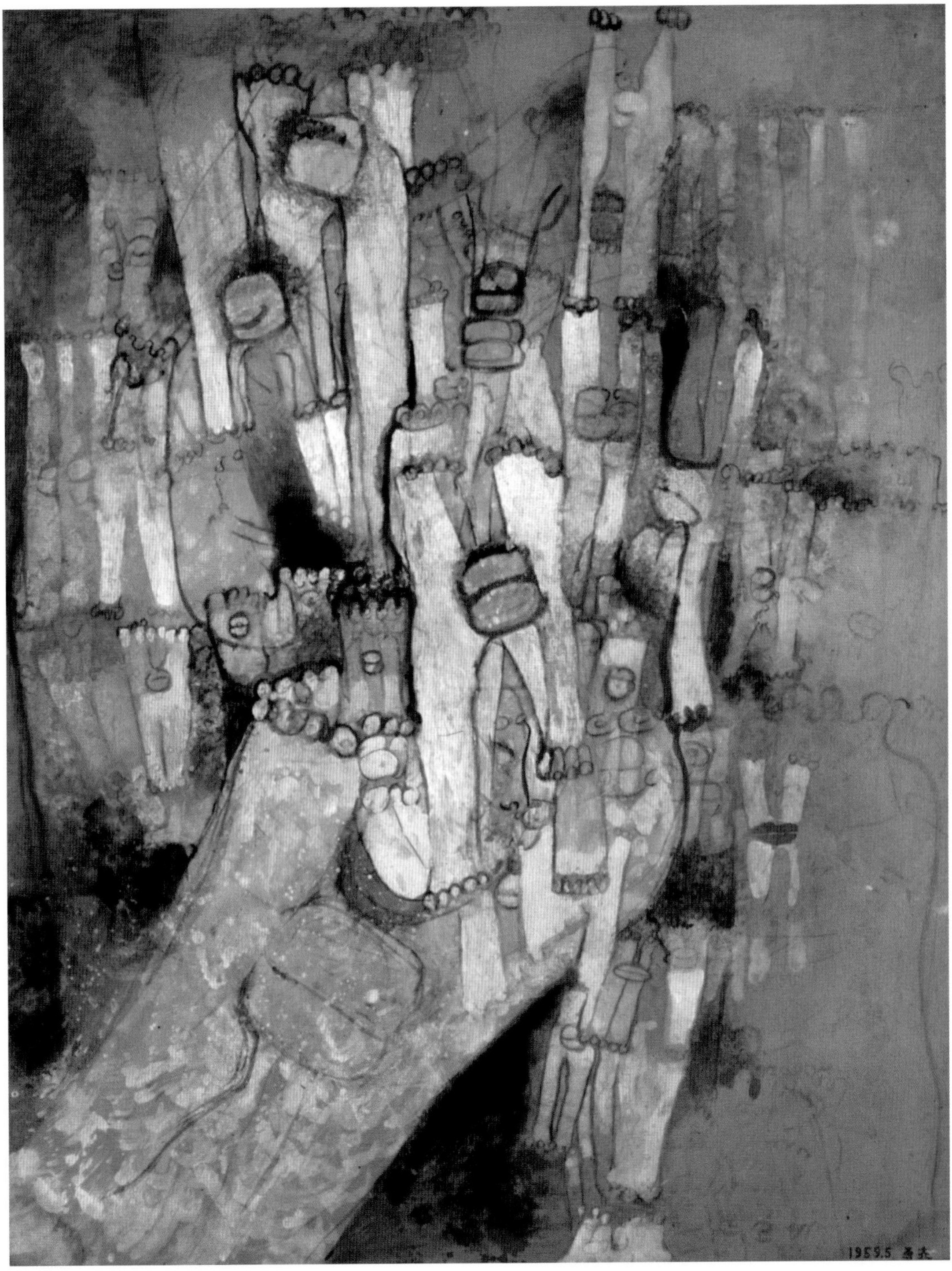

1960年の個展（銀座画廊）に展示されていた《処理場》
1959年　紙本墨画　(116.5 × 91.0cm)

『蟲びらき』の資料群から見えてくるもの

越後谷卓司
愛知県美術館主任学芸員

舞踏に限らず、演劇やダンス、音楽でも、公演系の作品は、その時、その場でしか見ることができない、一回性に特質がある。今この時を逃したらもうこの作品を見ることはできない、という思いが人々を劇場へと向かわせるのだろう。舞台上に一時だけ生成して、終演後には跡形もなく消え、次の公演に向けて空っぽの空間となる儚さ、潔さを、一種の美学として受け止めることも可能だろう。

だがその一方で、後年になってその公演作品に言及したり、研究や検証を行おうとする場合、当該する作品が存在しないため、非常な困難を伴うことになる。実際に公演を鑑賞した人物を捜し当て、聞き取りをしてみても「素晴らしかった」とか「絶品だった」という言葉が返ってくるだけ、ということも少なくない。その公演が優れたものであったことは伝わってきても、具体的にどんな内容で、どういう構成だったかが判然としない。舞踏の創始者・土方巽は「舞踏は消えるから残る」と語ったと聞くが、つまりは伝説化して残るという状況なのだ。

土方が実際に舞台に立ったのは1950～70年代で、同時期のダンサーと比べれば、不完全とはいえ映像の記録が残されていることは、当時現場に立ち会えなかった者にとって幸いといえる。しかしながらそれは土方に惹かれた人たちが、彼の舞台を残したいとの思いに駆られたためで、土方自身は、映像記録が残るのは本意ではなかったとも聞く。だが、すべての舞台人が土方のように伝説化を望んでいたわけではない。

1970年代の初期ビデオアートで、特筆すべき動向の一つにビデオアートセンターの活動がある。松本俊夫やかわなかのぶひろ、萩原朔美、出光真子といった作家たちが、自らが表現する新しい媒体としてのビデオに注目し、実験映画の文脈を踏まえた上での作品制作を模索していったのに対し、このグループが志向したのは演劇や舞踏など公演の記録だった。こうした活動の一環で残ったのが、手塚一郎制作による大野一雄の舞踏公演『ラ・アルヘンチーナ頌』初演（1977年）の記録映像である。大野がその独自性を確立したこの記念碑的公演は、記録映像を通してもなおその舞台の緊張感が伝わり、その当時、現場に立ち会えなかった我々にも、なぜこの作品が伝説的に語り継がれていったかが実感できる。

大野は記録映像の公開についても積極的で、『ラ・アルヘンチーナ頌』初演はもちろん、今回舞台装置を再現展示した『蟲びらき』（1988、90年）の映像も、愛知芸術文化センター・アートライブラリーの「大野一雄ビデオライブラリー」で視聴できる。実はライブラリーに収蔵されているのは1990年の名古屋・七ツ寺共同スタジオでの再演（2月2日～4日）時のもので、それ以外に東京・池袋の西武百貨店屋上「まつりの広場」で行われた舞台美術公開制作（1988年8月16日）や、同百貨店内「スタジオ200」での初演（同年8月19日～21日）時の映像も残されている。水谷勇夫の考案したセットは、舞台のみならず客席側とな

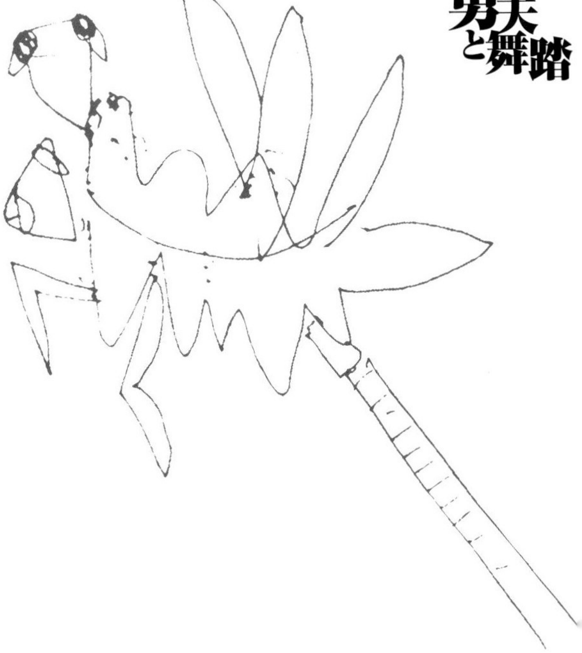

る側面や後方も含め、劇場全体を彼の美術空間として覆い尽くしてしまう大がかりなものであった。屋上での公開制作は、これを制作する広い場所を確保するためにはどうするか、という発想が根幹にあったと推測される（註）。だがそれに留まらず、ゲスト出演として大野一雄も参加し、単に水谷が描く現場を見せるだけではない、イベント的な工夫もされている。完成したパネルを舞台スタッフが運んだり、劇場内で大道具の《かれい》を吊ったり動作テストする映像もあり、これらは今回の舞台再現に際し、大いに参考になった。

終盤でクライマックスを形成する大道具《かれい》の他、公演時、観客に手渡されたセイタカアワダチソウの茎にカマキリの紙細工を付けた小道具《カマキリの杖》のエスキースも複数残されている。これらが興味深いのは、ここから水谷の思考プロセスが垣間見える点で、特に《かれい》は「魚蟲鳥獣人」のメモ書きがあり、その造形に際しキマイラ的な発想を窺うことができる。完成した《かれい》はカレイというよりはエイのフォルムに近いのだが、これはドローイング段階からのものであった。エイのひれに相当する箇所にはちぎった和紙による大ぶりの鱗が全面的に貼り付けられている。実見すると鱗というより鳥の羽を想起させるが、ドローイングを踏まえればキマイラ的発想の名残だと納得できる。逆に実現しなかったのは人面や四足獣のイメージで、水谷が具象的事物を抽象化する過程で消していったのであろう。

東京公演の《かれい》は竹の棒に鳥の子和紙を貼った凧のようだが、実は名古屋公演では円形の木枠に紙片を貼り付け、その内にあばら骨があるイメージのものが新たに作られている。新規制作の理由は《かれい》東京版は2.6メートル四方と大きく、七ツ寺で操作するには大きすぎたのかと推測されるが、新たな資料の発掘によりその謎に迫れる日があるかもしれない。

註：水谷勇夫は「土方巽 DANCE EXPERIENCE の会」（1960年）の舞台装置制作に際し、「装置の制作場所と踊りの稽古場は大変広いところが要求される。幸いなことに当時大野一雄は横浜の捜真女学校の教師をしていたので、そこの講堂が仕事場になった」と回想している。（水谷勇夫「原罪の処理場としてのキャンバス、そして舞台」、川崎市岡本太郎美術館、慶應義塾大学アート・センター編集「土方巽の舞踏　肉体のシュルレアリスム　身体のオントロジー」2003年、P40）

『蟲びらき』舞台装置（愛知県美術館での展示風景）
1988 年 墨・胡粉・膠・木工用ボンド、和紙・木
サイズ可変

Stage Setting for "Mushi-biraki"(installation view) 1988 sumi, aleurone, glue, bond on japanese paper and wood
dimentions variable

土方巽の追悼のために行われた、大野 一雄舞踏公演の舞台装置。スタジオ 200（1988 年・東京）、七ツ寺共同スタジ オ（1990 年・名古屋）で上演された。

6～15、17 頁の図版解説、事項説明は越後谷卓司が執筆した。

かれい
1988年　和紙、竹
Flatfish 1988 japanese paper and bamboo
2600×2600mm

「かれい」には、大野一雄の母親が臨終の際、「私の体の中を鰈(かれい)が游いでいる」と言いながら、高熱を発し身体から大量の体液を流した、というエピソードがある。大野にとって母親の象徴ともいえる「かれい」には、土方の死を越えて、再生を願う気持ちが込められているのかもしれない。それを受け止めてか、水谷が造形した《かれい》の体には、花のような形状のウロコがあしらわれている

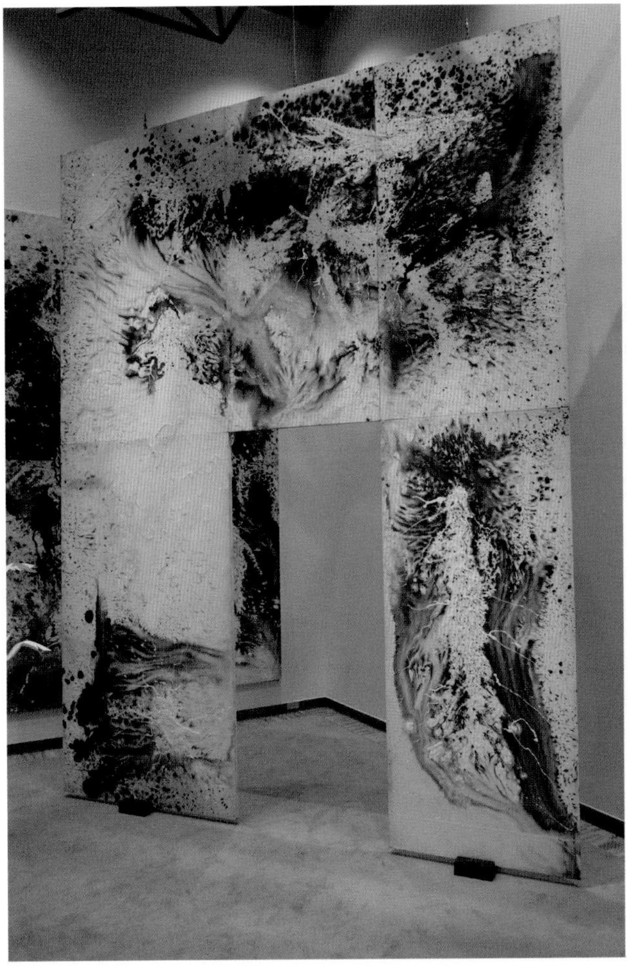

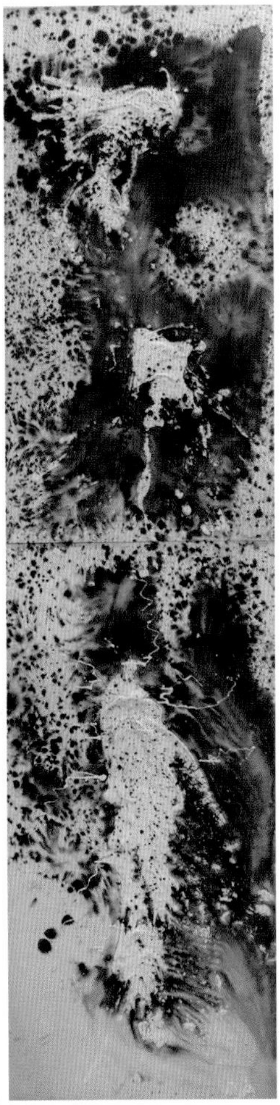

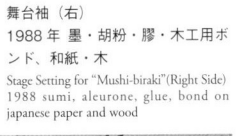

舞台袖（右）
1988 年 墨・胡粉・膠・木工用ボンド、和紙・木
Stage Setting for "Mushi-biraki"(Right Side)
1988 sumi, aleurone, glue, bond on japanese paper and wood

舞台袖（左）
1988 年 墨・胡粉・膠・木工用ボンド、和紙・木
Stage Setting for "Mushi-biraki"(Left Side)1988 sumi, aleurone, glue, bond on japanese paper and wood

カマキリの杖（名古屋版）
1990 年（2020 年再制作）
紙、セイタカアワダチソウ
（スチールパイプで再制作）
Mantis Stick（Nagoya）
1990（reproduced in 2020）
paper and goldenrod（reproduced with steel pipe）

カマキリには卵を産む際、メスがオスを食べる習性がある、といわれている。私たちには昆虫の残酷さ、自然界の非情さを感じさせるが、大野一雄はここに無償の愛を見出して、本公演のモチーフの一つに取り入れている。水谷はこの「カマキリ」の小道具を観客一人ひとりに持たせることで、彼らを単に舞台を見ることに留めず、舞台美術に能動的に関わらせようとした

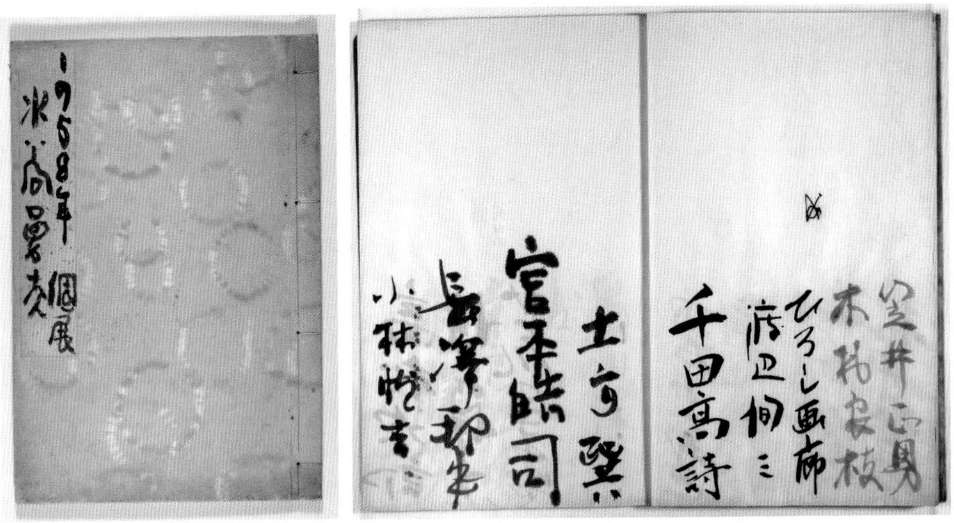

水谷勇夫個展・芳名帳
1958 年 墨、紙　(160 × 284mm)
Visitors Book of MIZUTANI Isao Exhibition
1958 sumi on paper
(160×284mm)

水谷と土方が出会ったのは、1960 年の水谷の個展（銀座画廊、東京）で、これが切っ掛けとなり土方より舞台美術制作を依頼された、とされてきた。しかし 1958 年の東京での初個展（村松画廊）の芳名帳に土方の署名があることから、少なくとも土方はこの時点で水谷の作品を見ていた、と考えられる

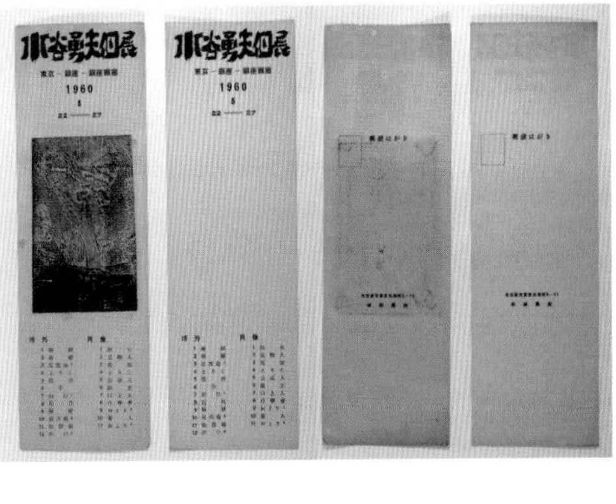

※

水谷勇夫個展案内状
1960 年　印刷、紙
変形はがき（98 × 310mm）
Postcard of MIZUTANI Isao Exhibition
1960 printed paper
(98×310mm)

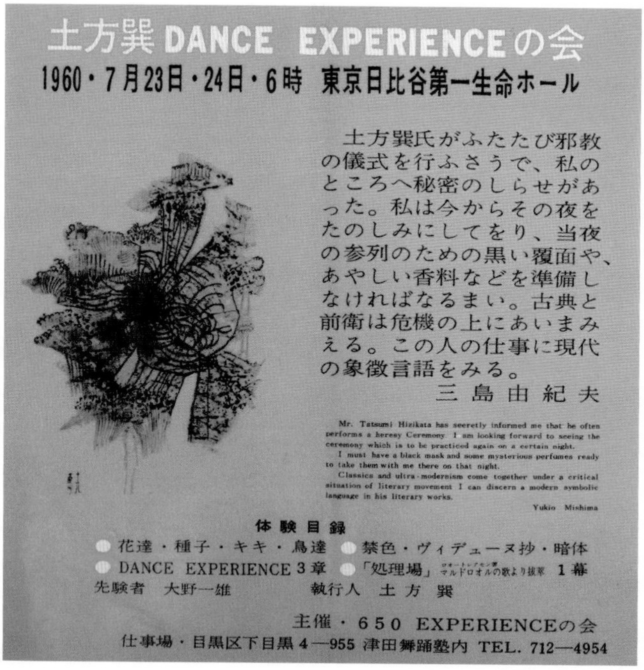
土方巽 DANCE EXPERIENCEの会

1960・7月23日・24日・6時　東京日比谷第一生命ホール

土方巽氏がふたたび邪教の儀式を行ふさうで、私のところへ秘密のしらせがあった。私は今からその夜をたのしみにしてをり、当夜の参列のための黒い覆面や、あやしい香料などを準備しなければなるまい。古典と前衛は危機の上にあいまみえる。この人の仕事に現代の象徴言語をみる。

三島由紀夫

Mr. Tatsumi Hizikata has secretly informed me that he often performs a heresy Ceremony. I am looking forward to seeing the ceremony which is to be practiced again on a certain night.
I must have a black mask and some mysterious perfumes ready to take them with me there on that night.
Classics and ultra-modernism come together under a critical situation of literary movement I can discern a modern symbolic language in his literary works.

Yukio Mishima

体験目録

● 花達・種子・キキ・鳥達　● 禁色・ヴィデューヌ抄・暗体
● DANCE EXPERIENCE 3章　●「処理場」ジャーン・ジュネ原作 マルドロオルの歌より抜萃　1幕

先験者　大野一雄　　執行人　土方巽

主催・650 EXPERIENCEの会

仕事場・目黒区下目黒4—955 津田舞踊塾内 TEL. 712—4954

「土方巽 DANCE EXPERIENCE の会」チラシ
1960年　印刷、紙　B5変型（257 × 257mm）
Flyer of "HIJIKATA Tatsumi Dance Experience Performance" 1960 printed paper (257×257mm)

土方巽舞踏行脚の色紙（182×213mm）
1985年
※

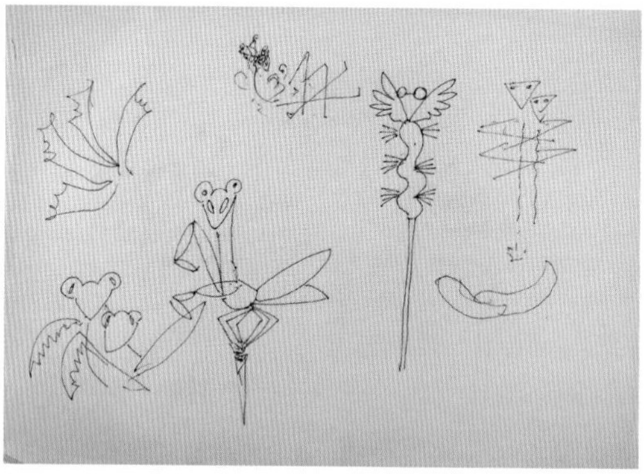

『蟲びらき』エスキース
1988年 インク、紙
B4（354 × 253mm）
Esquisse for "Mushi-biraki"
1988 ink on paper B4 (354×253mm)

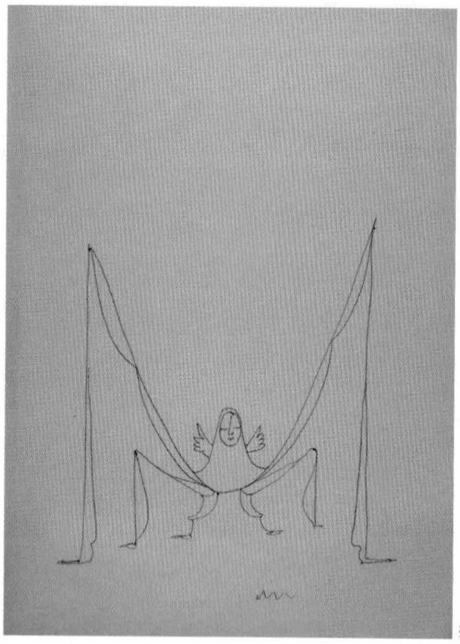
※

※

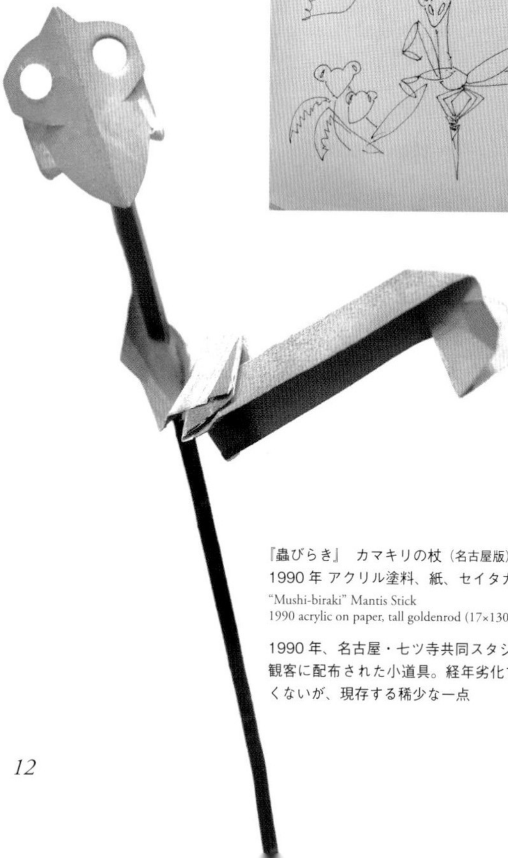

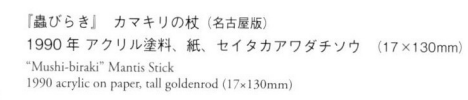

『蟲びらき』カマキリの杖（名古屋版）
1990年 アクリル塗料、紙、セイタカアワダチソウ　（17×130mm）
"Mushi-biraki" Mantis Stick
1990 acrylic on paper, tall goldenrod (17×130mm)

1990年、名古屋・七ツ寺共同スタジオでの『蟲びらき』公演の際、観客に配布された小道具。経年劣化で鎌が折れている等、状態は良くないが、現存する稀少な一点

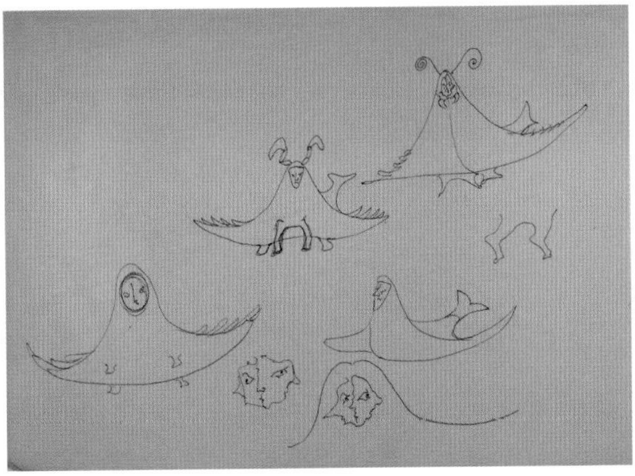

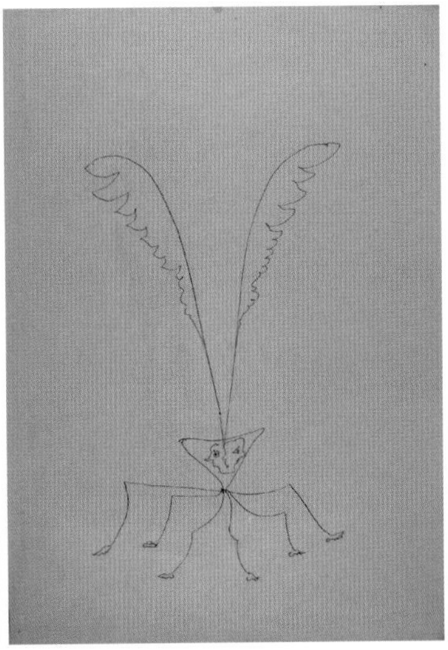

『蟲びらき』エスキース
1988年 インク、紙　B4（354 × 253mm）
Esquisse for "Mushi-biraki" 1988 ink on paper B4 (354×253mm)

※

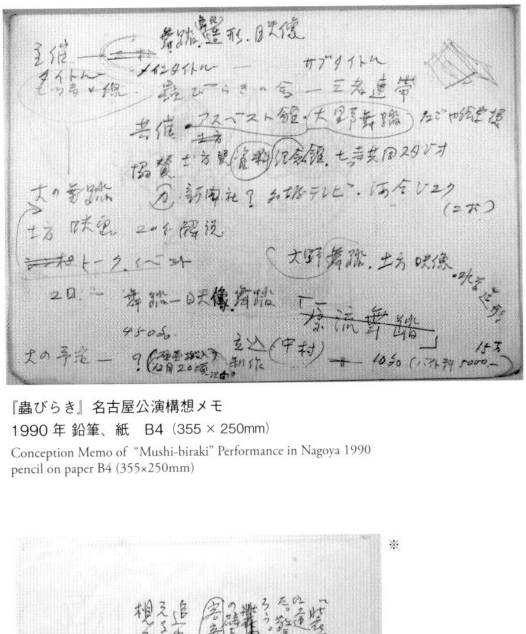

『蟲びらき』名古屋公演構想メモ
1990年 鉛筆、紙　B4（355 × 250mm）
Conception Memo of "Mushi-biraki" Performance in Nagoya 1990
pencil on paper B4 (355×250mm)

※

※

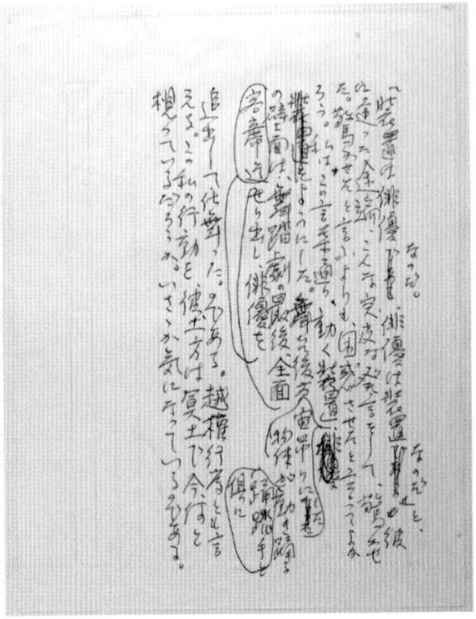

『装置は俳優なんだ』
草稿　2003年
インク、紙
B5（176 × 230mm）
Draft of "Stage Setting as Actor" ink on paper
B5 (176×230mm)

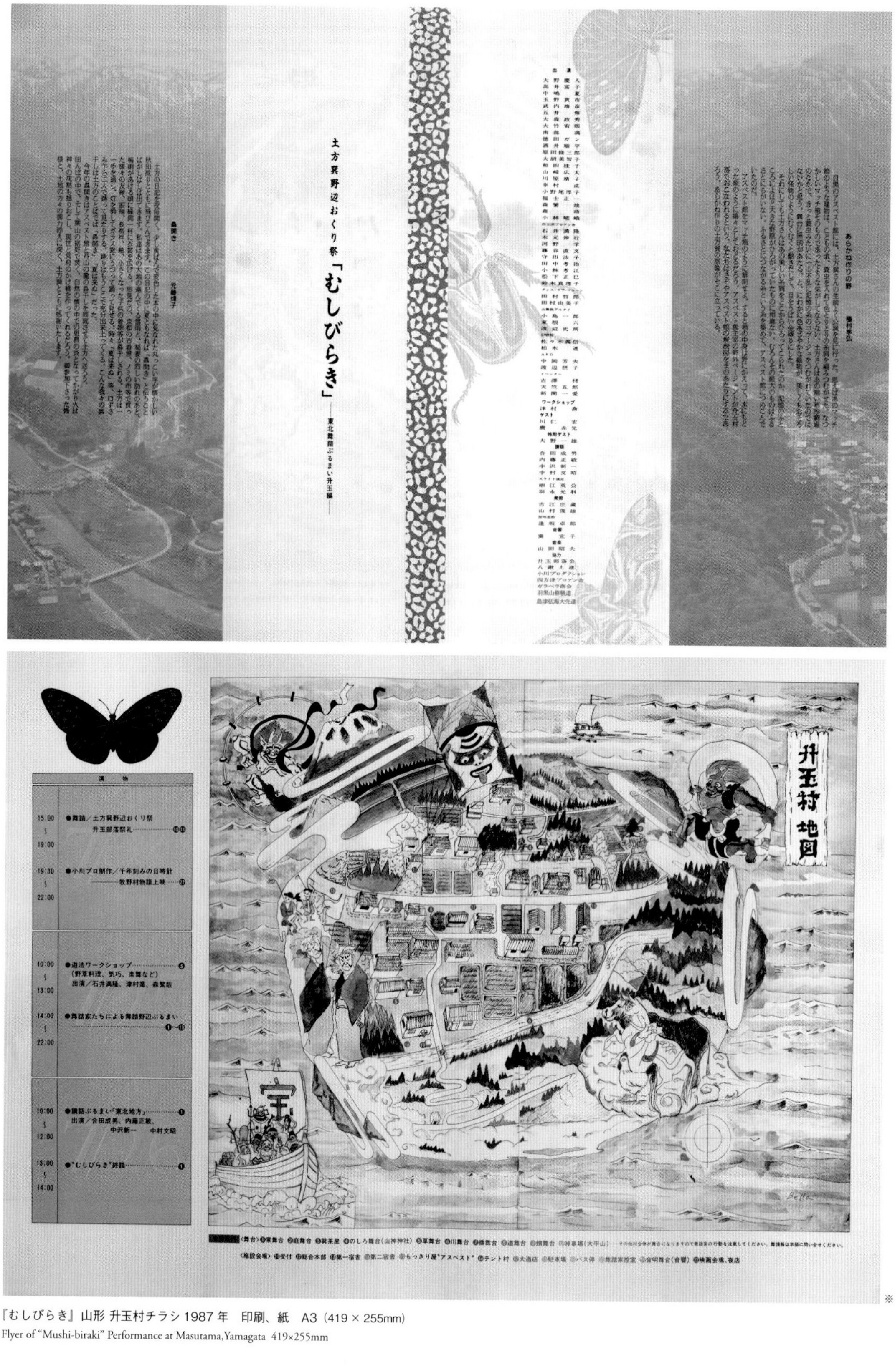

※

『むしびらき』山形 升玉村チラシ 1987 年　印刷、紙　A3（419 × 255mm）
Flyer of "Mushi-biraki" Performance at Masutama,Yamagata 419×255mm

※

『蟲びらき』名古屋チラシ　1990 年　印刷、紙　B5（182 × 257mm）

Flyer of "Mushi-biraki" Performance in Nagoya
1990 printed parer　B5(182×257mm)

『蟲びらき』名古屋
チケット（65×79mm）
1990 年　印刷、紙

Ticket of "Mushi-biraki"
Performance in Nagoya
65×79mm
1990 printed parer

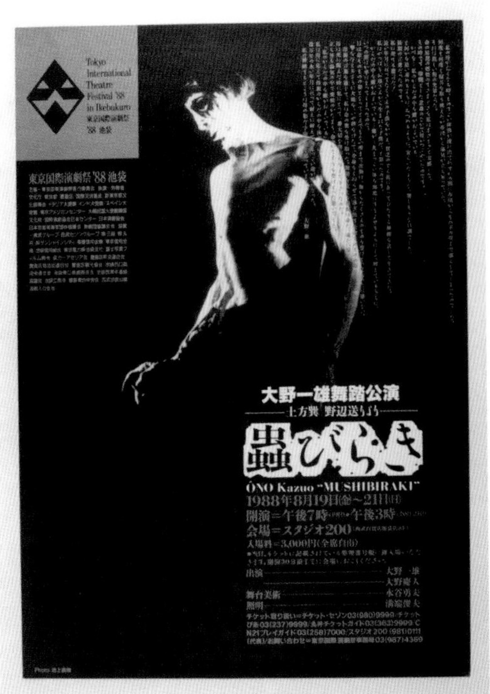

『蟲びらき』東京チラシ　［大野一雄舞踏研究所所蔵］
1988 年　印刷 、紙　B5（183 × 257mm）

Flyer of "Mushi-biraki" Performance in Tokyo
1988 printed paper B5(183×257mm)

※

『魂の風景』主催：福岡町芸術思考館（中津川市福岡）チラシ
1995 年　印刷、紙　A4（209× 296mm）

Flyer of "Landscapes of the Soul"
Film Presentation by Fukuoka-cho Geijutsu Shikou kan(Fukuoka,Nakatsugawa-City)
1995 printed paper A4(209×296mm)

舞踏、はじまりの舞台と創始者たち

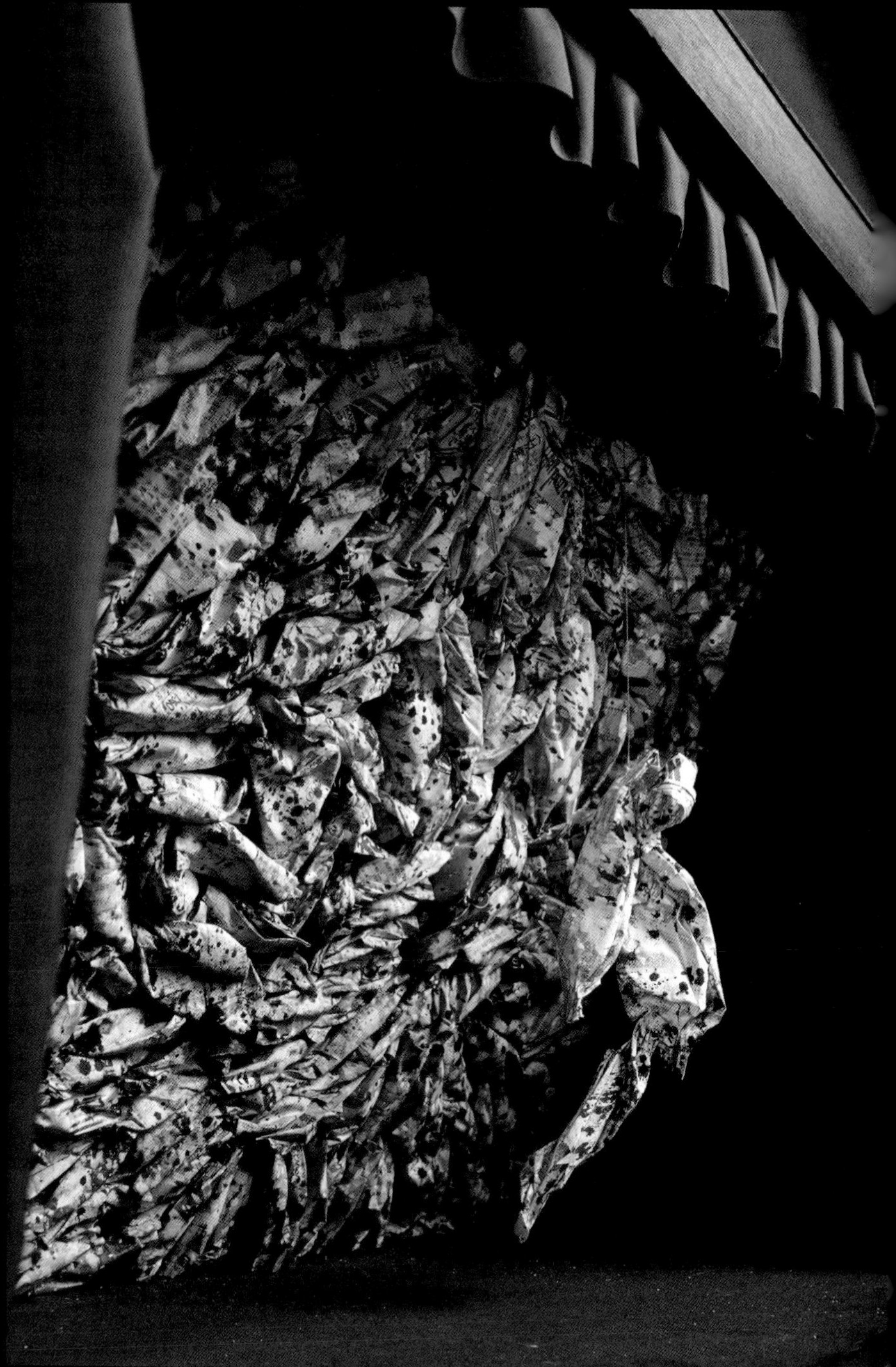

《再現ミニチュア装置「第１回暗黒舞踏土方巽リサイタル」》
1987 年 木、発泡スチロール、紙
(53.0 × 73.0 × 38.2cm)
「土方巽 DANCE EXPERIENCE の会」舞台装置の再現マケット。丸めてソーセージ状にした新聞紙に墨汁と胡粉をふりかけ、舞台背後の壁面に貼り付けて書割とした。舞台中央には同様に新聞紙で作られた人形が吊り下げられていた（写真提供：新潮社「芸術新潮」 撮影：筒口直弘）

土方巽DANCE EXPERIENCEの会

1959年に暗黒舞踏の基点ともいえる『禁色』を発表し、舞踊界にスキャンダラスな衝撃を与えた土方巽が、翌1960年に行った初のリサイタル公演。会場は、東京日比谷第一生命ホール。体験目録（＝演目）は『花達』『種子』『キキ』『鳥達』『禁色』『ディヴィーヌ抄』『暗体』『DANCE EXPERIENCE 3章』『処理場　マルドロオルの歌より抜萃1幕』。先験人：大野一雄、執行人：土方巽、主催：650 EXPERIENCEの会。元藤燁子によれば、650とは会場の客席数で、観客それぞれの体験としてダンスが成立する意図があったという。舞台美術を水谷勇夫が担当。プログラムとして「土方巽氏におくる細江英公写真集」が作成され、このパンフレットとチラシに三島由紀夫が寄稿。土方と瀧口修造、澁澤龍彦との交流が始まるのもこの公演がきっかけとなった。

舞踏

舞踏とは、本来、踊ることを意味するが、現在では1950年代末に土方巽が創始した「暗黒舞踏」を意味する場合が多い。バレエに代表される西欧のダンスのアンチテーゼとして、日本人の身体に即したダンスとは何か、という探求がその根底にあった。「舞踏」と聞いて連想される典型的なイメージは、白塗りでボロ布のような衣装をまとい、跳躍はせず、屈んだり、うずくまったり、胎児のように寝転がったりする、というものかもしれない。しかし、そこには決まったメソッドや型があるわけではなく、舞踏家それぞれが独自の踊りを生み出すことが尊重されている。現在では日本のみならず世界的に普及し、現代日本オリジナルの芸術として認知されている。

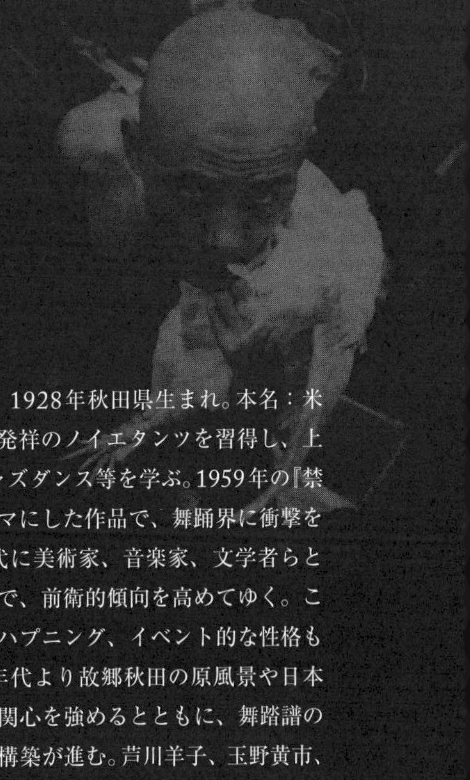

土方巽

1928年秋田県生まれ。本名：米山九日生。ドイツ発祥のノイエタンツを習得し、上京してからは、ジャズダンス等を学ぶ。1959年の『禁色』は男色をテーマにした作品で、舞踊界に衝撃を与えた。1960年代に美術家、音楽家、文学者らとも共同制作する形で、前衛的傾向を高めてゆく。この時期の作品にはハプニング、イベント的な性格もあったが、1970年代より故郷秋田の原風景や日本人独自の身体への関心を強めるとともに、舞踏譜の作成やメソッドの構築が進む。芦川羊子、玉野黄市、和栗由紀夫ら多くの弟子を育て、今日「舞踏」と呼ばれる表現の礎を築いた。1986年、東京にて没する。

（写真撮影：細江英公）

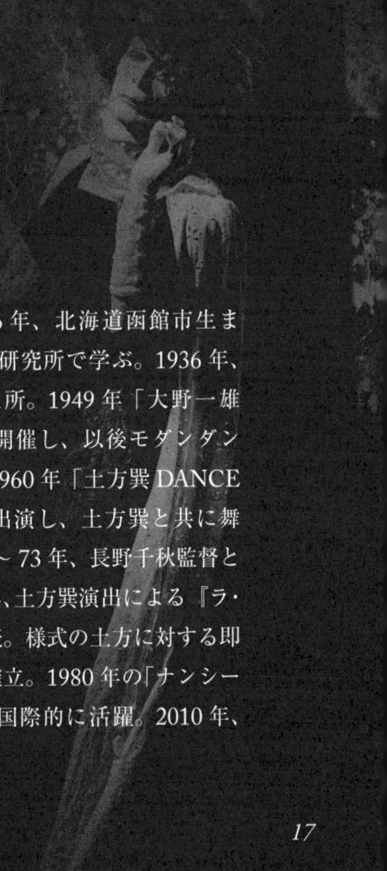

大野一雄

1906年、北海道函館市生まれ。1933年、石井漠舞踊研究所で学ぶ。1936年、江口・宮舞踊研究所に入所。1949年「大野一雄現代舞踊第一回公演」を開催し、以後モダンダンサーとして舞台に立つ。1960年「土方巽DANCE EXPERIENCEの会」に出演し、土方巽と共に舞踏の創生をになう。1969～73年、長野千秋監督との映画制作をへて、1977年、土方巽演出による『ラ・アルヘンチーナ頌』を発表。様式の土方に対する即興の大野として独自性を確立。1980年の「ナンシー国際演劇祭」参加以降、国際的に活躍。2010年、神奈川県横浜市で没。

（写真撮影：池上直哉）

土方巽と水谷勇夫

1960年7月、やはり第一生命ホールで
「土方巽 DANCE EXPERIENCEの会」を催した。
……〈中略〉……
この公演で踊った『処理場——マルドロオルの歌より——』の
装置を依頼することになった
名古屋の画家、水谷勇夫の絵には、ある日偶然に出会った。
生命力あふれるその絵に強くひきつけられ、
私たちはしばらくその場を離れられなかったことを覚えている。
この制作には大野一雄の口ぞえで
横浜の捜心女学校*の体育館を借りることができた。
新聞紙だらけの体育館で、
水谷勇夫の蛮声と土方のどなり声が飛び交う中で、
でき上がっていった。

*原文ママ。捜真女学校。

（元藤燁子「土方巽とともに5」『アスベスト館通信5』〈アスベスト館・1987〉より）

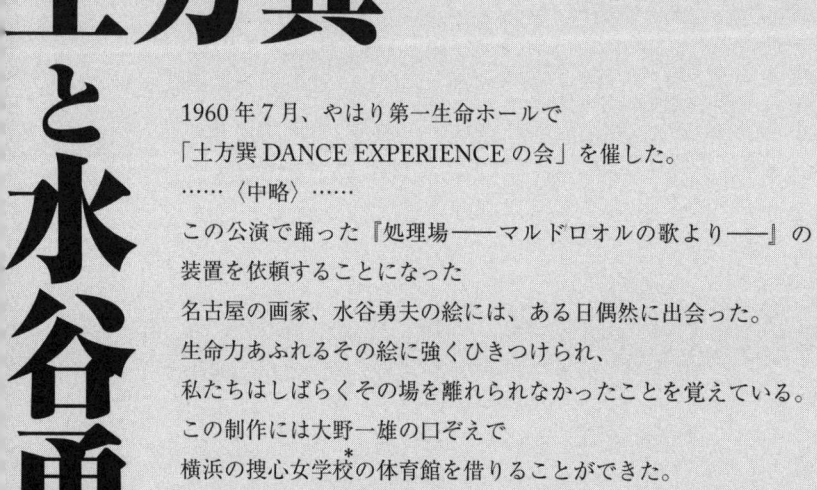

水谷勇夫のスケッチ
右：銀座画廊での出遇い
下：横浜・捜真女学校での
装置制作とレッスン

1997年、池田20世紀美術館で行われた「美術と舞踏の土方巽展」で水谷勇夫が配布したチラシ。出品作品のタイトルは「奪衣婆の舞あるいは観世音のつぶやき」だった。下記のテキストは、土方巽の最期の舞踏について水谷が書いた草稿による

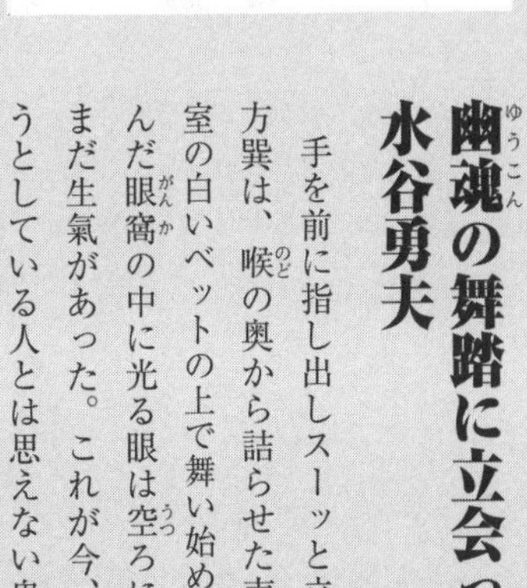
美術と舞踏の土方巽展
演題 奪衣婆の舞
舞踏者 土方巽
美術 水谷勇夫
装置 三途の河原
勧進元 閻魔王

幽魂の舞踏に立会って

水谷勇夫

手を前に指し出しスーッと立上った土方巽は、喉の奥から詰らせた声を出し病室の白いベットの上で舞い始めた。深く窪んだ眼窩の中に光る眼は空ろに見えたがまだ生氣があった。これが今、事切れようとしている人とは思えない鬼氣迫る姿だった。彼は頻に何かを丸める仕種をして舞っている。氣体でもない液体でも固体でもないものを、光を放つかのように丸めていた。

この幽魂の舞踏の幕切れの二ヶ月前、土方巽は私が主宰するなごや絵学校で「土方巽舞踏行脚」の最後の講演を催していたのだ。

その折りの写真がここにある。偶然か故あってかその姿は朦朧として残念だが影が薄い。私にはこの時、既に彼は極楽浄土に地獄門にと、舞踏行脚の旅に向っていた様に思える。

異相土着芸術の旗手・土方巽は今も魂魄この世に止って、現世冥界を自由自在に往来、舞続けているものと信じている。

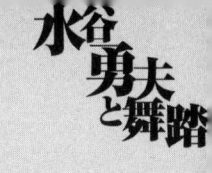

イベントークPartⅥ
「土方巽を幻視する」パンフレット
(愛知芸術文化センター・愛知県文化情報センター・一九九七)より

土方巽の死

冥府へゆく糸をたぐって

水谷勇夫

1960年春、そのときは青天白日なのに2人とも嵐が吹き捲くっていた。びしょぬれの紙くずと、泥だらけの紙くずとが、眼だけ光らせて出遇った。わたしが東京銀座・銀座画廊で個展をしていたときのことである。

とくに土方は、あの東北人特有の眼窩の深い目で口ごもりながらいった。「水谷さん、舞踏は、こう胸ですよね、胸でこう感じながら踊るんですよね。そして空間を感知する。触手のような手が、有るもの無いもの触って歩くんですょね。水谷さん、僕はモダンダンスを踊ってるんです。初めてリサイタルを開くんですが、その、こんどの装置を引受けてくれませんか。」

そのときが初対面だったが、話は順調に進んでいった。若い物静かな大野慶人も一諸だった。

出しものは三島由紀夫の『禁色』、ロートレアモンの『マルドロールの歌』抜萃（これは公演の折わたしの絵の作品の題名「処理場」を取って付けた）、相手にとって不足はない。三島はあの才気と虚飾と、右翼志向が私には気にいらなかったが、それはどうでもいい。ロートレアモンの『マルドロールの歌』はシュールレアリズムの原典でもある。願ってもない題材だ。二つ返事で引受けた。

とにかく大がかりな装置制作が始まった。第一生命ホールの舞台全面オブジェによるかきわりをセットすることになった。ところが何しろ金がない。彼から制作費として受取った金はいま定かではないが、2千円ぐらいだったと思う。もちろんその故ばかりではないが、主材料は新聞紙にした。新聞紙の一辺に糊をつけ円筒状にし、両端をひねって袋にしパネルにびっしり張りつけた。また同様の物をソーセージ状にし天井からぶらさげ、これが舞踏者と関わりながら動く、つまり装置の舞踏である。当時、「俳優は装置である。装置は俳優である」と言うのが私の自論[*1]だったからである。

さてこの格安の馬鹿でかい紙屑の装置は、大野一雄さんの勤める学校の体育館で制作した。そこはまた土方、大野をはじめ出演者のけいこ場でもあった。参々伍々訪れる若者の肉の群舞、跳躍、のたうちと、さしもの広い体育館も人間と紙屑の散乱で、まさにそれは「処理場」の風景だった。元来好奇心のかたまり、おせっかい焼のわたしはいつしか本職を忘れて、生意気にも舞踏指導に口出しし始めた。「舞踏の手は、動かしてりゃあ好いてえもんじゃない。宇宙空間にある、眼に見えない物をつかみ出したり、なでたり、ひっかいたり。または食虫植物の触手のように貪欲な動きなんだ」「舞踏の跳躍は、いやと言うほど地球をけとばして空高く舞いあがる。2度と戻ってこないつもりで……」といった調子で若い踊り手たちを煙に巻いて戸惑わせてしまった。恐らくさすがの土方も何も言いはしなかったが迷惑だったにちがいない。二十数年たったいま、思い出せば悪いことしたなあと後悔することは数限りなくある。とりわけ忘れられないことは、有名人士、おすなおすなの大盛況で用意万端調った当日、いよいよ本番幕開け前の出来事だった。リハーサルに照明さんがかける光の色がどうしても私の気に喰わない。まるで学芸会か、日舞の照明みたいにピンクムードやチカチカムードで、危機感もなければ重みもない。頭にきたわたしは照明さんにどなり散らした。さあ大変だ。上と下とで泡を飛ばしての大げんか、開幕時間が来ても幕があげられない。1分たち 2分たちして、とうとう5分も経過、ついに幕のむこうのお客がざわめき始めてしまった。そうこうするうち両者けんか棒ちぎれ、土方の仲裁でしぶしぶ幕をあげて始まり始まりとあいなったのである。このわたしの所業に土方は疲労困憊したのか、それとも口惜しかったのか、それとも絶讃の大拍手に感激したのか、どちらとも知れないが、踊り終って舞台中央で滂沱の涙を出して泣き崩れていた。近づいたわたしは彼の手を握って「おめでとう土方さん。またやろうなあ」と声をかけたものである。

1984[*2]年11月13日、あれから二十幾年にもなる。「またやろうなあ……」の約束がこんなにも時間がたってしまった。そして今度は彼が長年の沈黙を破って、今一度舞踏する。そのデモンストレーションの全国行脚の講演をわたしの主宰する「なごや絵学校」でやることになった。その日は京都、金沢を経て、最終回であった。それは寄しくも現実に彼のこの世の最終回の講演にもなったのだ。せまい会場にぎっしり詰った観

*1 原文ママ。持論。

*2 原文ママ。「土方巽舞踏行脚」は1985年。

客は、暗黒舞踏の教祖、土方巽が再起を前にして、もしかしたら突然舞踏するのではないかとひそかな期待をしていたようだ。それはもちろん私も同様であって、会場内の天井一面に、「ロートレアモン・マルドロールの復活」と題したあの東京の第一生命ホール第一回リサイタルのときの装置を復元して飾りつけていたのである。だがその願いはむなしかった。そのときすでに誰知ろう土方の舞踏は肉体とともに内部から喰い荒されていたのである。

その夜、私の自宅での打上げの酒盛りも、私自身病気の故もあって一滴も飲めず一向気勢があがらなかった。座を持たせようと、色紙に彼の顔を描いた。眼光鋭くやせてはいたがかげりなど微塵もなかった。描きながら「マルドロールは復活するのだ、来年は2人でやろうなあ」と、つぶやいた。

土方はそれを手にして、「ありがとう、いい記念になる」と彼もまた満足そうにかたわらにいた芦川羊子に「しまっておいてくれ」と手渡した。これが生前、最後の彼の肖像画になってしまった。

なんと雪が降って来た。夜明け前の暗闇の中を李礼仙が運転して、私と唐十郎が病院に走る。車は見る見る内に白く変色してゆく、土方の死に冥府の何かが関わっている。冬とはいえこのように土方の壮烈な死に符合する自然の現象は誰しもが只事ではないと感じていた。唐も李も異口同音「土方さんの死で雪が降るんだ」と口走った。その夜、絶体絶命の土方の死を唐十郎の家で待っていた。

新聞社からの訃報のけたたましい電話のベルで起こされて、街道を突っ走る。3人の脳裏には、降り来る雪と暗闇、生と死の白と黒の映像のみがめくるめいていたと思う。

エレベーターを深く深く降りて、遺体安置室へ向かう。冷たいコンクリートの廊下はなおも深く傾斜して暗い。一陣の風が地下から吹いて来た。「どうして死体置場はこんな恐しいところにつくるのかなあ」とおどおどしている私に、突然「水谷さん、判ります、この音」と唐十郎が声をかけて来た。他事を考えていたわたしは返答に窮して口ごもっていた。いまは彼のように冷静に物事を考えられないのだ。

周囲にひびく己の靴音におびやかされて、地下道遠くに光る灯めがけて足を早めるだけだった。六道の辻から逃れるように室に這入って来てむせかえる香煙と灯りと人いきれにほっとする。そこには金銀の蓮華の造花に囲まれてすでに土方がむくろになって横たわっていた。遺体の死に顔は生前よりもふっくらと頬がふくらんで、赤味さえ帯びていた。その手向けの肖像を画家の池田龍雄が描いていた。控えの畳には奥さんの元藤さんが昨夜までの臨終の時間のときより、落着きを取り戻して座っていた。落着きを取り戻したのではなくて悲しみをより厚く包みこんでいたというべきだろう。土方と二人三脚での舞踏の一生、その重ね写真は土方の名声とは裏腹に、いつしか踊り手元藤の影を取り去っていた。土方に踊りのすべてを託してきた影の元藤から本体が抜けて、生々しい 空洞が口をあけていた。その彼女の痛みが畳の上一杯に感じられた。

暗黒舞踏の創始と、土方巽の始りと終りに奇しくも深く関った因縁、その土方とわたしを結んだ糸がいま現世から冥府へとのびてゆく。三途の川は無事渡れるか、わたしは心配だ。渡守の奪衣婆には素直に身ぐるみ着物をわたせよ、通行料を忘れるな、冷い川の深みに脚をとられるな、どうだ六道の辻へ向う道は昏くないか、道すじは迷路になっちゃいないか、もしかして判らんようになったら、このわたしの握っている糸をたぐって引返してきたらいい。閻魔庁の裁判は堂々と受けたらいい。たとえ浄瑠璃鏡[*3]に君のいかがわしい罪業の数々が映し出されたとしても、遠慮せず大王に怒鳴り返せばいいのだ。そして君があの死際のベッドの上で見せた〈死の舞〉を舞ったらいい。大王もきっと理解してくれるにちがいない。とにかく安心して先へいってくれ、みんな君を慕った者、同志であった者がこの糸を手に持っている。わたしもこの糸を後髪に固く結んでおくから——。

1986年11月10日

*3 原文ママ。浄玻璃鏡。

（本文、イラストともに『アスベスト館通信 2』〈アスベスト館・1987〉より）

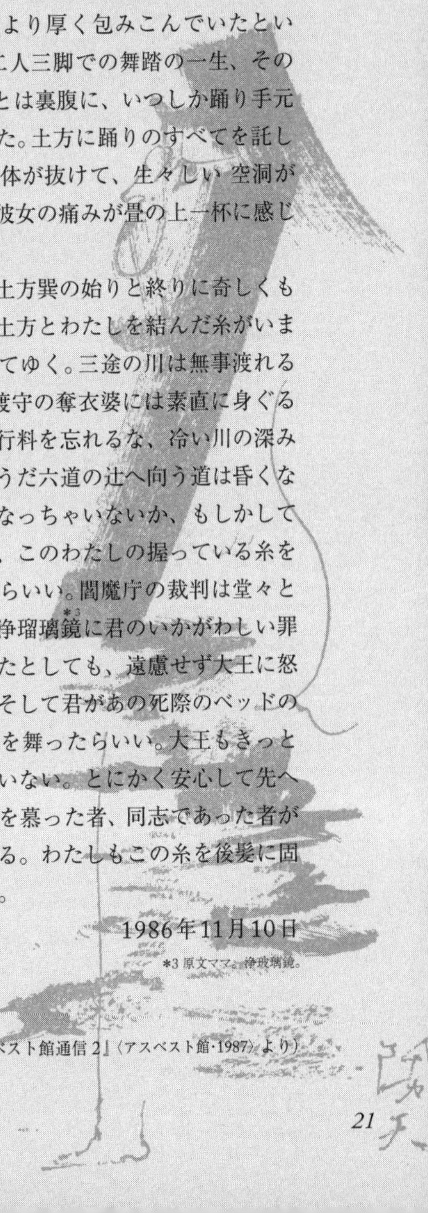

「蟲開き」と「蟲びらき」

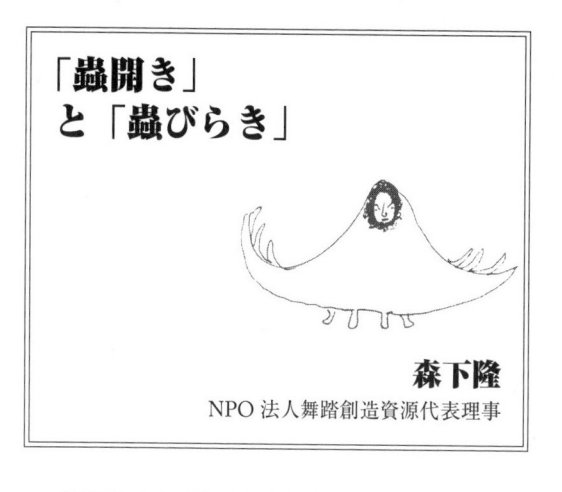

森下隆
NPO法人舞踏創造資源代表理事

「蟲開き」とは何か民俗行事を想像させる言葉です。しかし、辞書に求めても見出だすことはできません。

私が初めて目にし耳にしたのは、1987年7月に山形県最上郡大蔵村で行われた土方巽野辺おくり祭で、そのタイトルが「むしびらき――東北舞踏ぶるまい升玉編――」でした。祭で掲げられた大きな幟には「蟲開き」と墨書されていました。

土方巽は1986年1月に亡くなりました。「蟲開き」は、その翌年にアスベスト館が主催し、多くの舞踏家が参加して行われた野辺おくりでした。この祭が行われた大蔵村は、土方巽の故地に近い山形の僻村で、升玉はその一地区です。大蔵村は土方巽と親交があった舞踏家森繁哉の住地で、森繁哉の肝いりで升玉での野辺おくり祭が開催できたのです。

「蟲開き」には、大野一雄ほか40名にも及ぶ舞踏家が、東京だけではなく北海道や青森、秋田などからも馳せ参じていました。升玉は茅葺きの民家が点々とある山間の集落で、野辺おくり祭では村中に、家舞台、庭舞台、のしろ舞台、草舞台、川舞台、橋舞台、道舞台、畑舞台が設けられました。夜にはそれぞれの民家を虫籠に見立てて灯りが入りました。

一日は、山伏による荘厳な儀式に始まり、月山のご神体の黒牛に先導されるように、参加者が列をなして大平山の頂上を目指しました。頂上で土方巽の髪と下駄が埋められると、サーチライトが黒い空に向かって放たれたのです。その光の矢は地上と天国を結ぶかのようでした。

そして一日は、舞踏野辺ぶるまいとして、来村した舞踏家たちが、あるものは野外のあちこちの舞台で踊り、あるものは農家の畳の上や土間でと、次々に踊ったのです。その最後の踊りが大野一雄の「アベマリア」で、家舞台に詰めて見守った誰もが深い感動にひたりました。

ところで、「蟲開き」という言葉は辞書にも記載されていないのですから、この野辺おくり祭のための造語ということになります。

そして虫と言えば、土方巽の記憶のあちこちに「虫」はりついていました。土方巽の著作『病める舞姫』の冒頭からしてそうです。

> 「そうらみろや、息がなくても虫は生きているよ。あれをみろ、そげた腰のけむり虫がこっちに歩いてくる……」

『病める舞姫』に目をとおせば、虫は頻出します。蝶や蜻蛉、蟻や蜘蛛、蠅や毛虫、蛾や羽虫、蚊や蚯蚓とオンパレードです。

さらに、虫の比喩や隠喩、虫に喩えた言葉も数多く見出だせます。「貧窮な地虫」「餌食虫」「妬み蛍」「透きとおった虫」「溶けかかったような蛾」「蜻蛉のような着物」「蜘蛛の網ごと眠りに落ちる」と枚挙に暇がありません。

また東北には「虫送り」という風習があったとのことです。秋田や山形では春から夏にかけて生命活動を促す行事として行われていたということです。また「虫干し」はアスベスト館の年中行事でした。元藤燁子は、「形見だの、京都の古着屋、ノミの市等で買った様々の友禅、振袖、長襦袢、紬、小さくなった子供の着物等が蟲干しされる。土方は一一手を通し、灯を消してガラス窓にうつって踊って見せる」と記録しています。

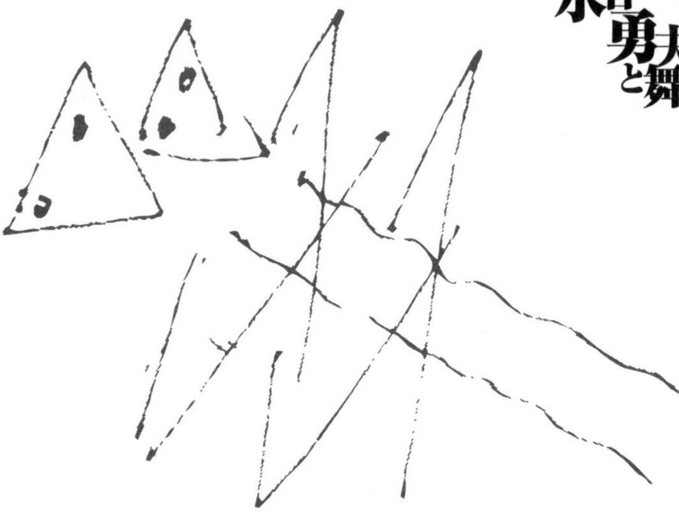

こうして、虫になじんでいればこそ、土方巽追悼の祭のために「蟲開き」という言葉が生まれたといえます。死者と舞踏家を迎える野辺に多くの生者を迎えての祭は「蟲開き」と名付けられて、死者を悼み死者に新たな光を注いだのです。

山形での「蟲開き」に続いて、この年８月には「土方巽追悼公演『病める舞姫』」が銀座セゾン劇場で行われました。芦川羊子、笠井叡、田中泯・舞塾、石井満隆ほか（芥正彦演出）、麿赤兒・大駱駝艦、そして大野一雄・大野慶人が追悼の踊りを土方巽に手向けています。

本公演での大野一雄の舞台の最後の曲は、マリリア・ヨシマスの「虫開きの歌」でした。大野一雄はこの追悼の舞台に立つにあたって、次のような言葉を寄せています。

> 僕は舞踏をすることが苦しくてなりませんでした。苦しくて舞踏から逃げ出していたのです。しかし今日「睡蓮」で舞台に立つ僕は、楽しさ、幸せでいっぱいになっているのです。舞台に立つときいつも思います。「土方さんに会うことができる」と。
>
> （『病める舞姫』公演プログラム）

そして、翌1988年に池袋西武スタジオ200での追悼公演『蟲びらき』、つづいて1990年に七ツ寺共同スタジオで「『蟲びらき』舞踊創生紀始源の出遇いの出遇い　故土方巽／大野一雄／水谷勇夫による三夜」が、それぞれ開催されました。

本展では、スタジオ200での追悼公演『蟲びらき』での水谷勇夫の舞台美術が展示されました。画家の魂がまさにスプラッシュされたかのような水谷勇夫の舞台美術は、1960年代の土方巽の止むに止まれず全身をぶつけていく狂気の行為そのものといえます。

水谷勇夫と土方巽、そして大野一雄との出会いは、1960年の土方巽の初リサイタルとなる「土方巽DANCE EXPERIENCEの会」に遡ります。この公演は、土方巽の舞踏にも通じる「美は痙攣にあり」というシュルレアリスムのテーゼそのものでした。

水谷勇夫は照明に納得できず、本番前になっても照明係と怒鳴り合っていたといいます。越権行為とはいえ、自らの舞台美術に当てられる照明だけに我慢できなかったのでしょう。

土方巽はというと、水谷勇夫が身も凍る思いで見詰めた初日の舞台に納得できず、観客全員に２日目のチケットを配布したのです。そして２日目、観衆から「絶賛の大拍手」と「夕立のような喝采」を受けた土方巽は「踊り終わって舞台中央で滂沱の涙を流して泣き崩れていた」と水谷勇夫は書き残しています。

この舞台での大野一雄は、土方巽の演出・振付、そして水谷勇夫の奇抜な舞台美術とともに、女装して「ディヴィーヌ」を踊りました。28年後、土方巽を悼む「蟲びらき」でも、水谷勇夫の破天荒な舞台美術に囲まれて、大野一雄は土方巽とともにつくり上げた「ディヴィーヌ」の踊りから始めたのです。

※なお、今回の展覧会に先立って発見された資料（芳名帳）から、水谷勇夫と土方巽は1958年に出会った可能性があることが分かりました。

『蟲びらき』裏話１
土方巽と水谷勇夫

水谷イズル（水谷勇夫の息子）
アーティスト

〜オーラルヒストリー〜

「土方、俺だ水谷だ解るか！」水谷勇夫がそう呼びかけると、瀕死の土方巽は、ゆっくり頷いて両手を胸の前に持っていき、何かをまさぐるような仕草をしたという。死の床で父に見せた最後の舞踏であった。

1986年1月、舞踏神と謳われた土方巽は肝臓癌のために57年の生涯を閉じた。

土方の死から遡ること26年、1960年に水谷勇夫は土方巽の初のリサイタルとなる「土方巽DANCE EXPERIENCEの会」（東京日比谷第一生命ホール）の舞台美術を担当している。その舞台には、大野一雄、慶人親子も共演していた。通常、舞台美術は演出家の指示によって、その意図を汲みプランを練るものだが、父の場合は違っていた。父は自分からも積極的にアイデアを出したという。今なら越権行為となりそうなところだが、土方は父のアイデアのいいところは取り入れたようである。それぞれの個性が触発し合い、ぶつかり合いながら構想が膨らんでいったのではなかろうか。

新聞紙を丸めてソーセージ状にしたものを壁面に貼り付け、墨と胡粉をふりかけて、書割とした。さらに新聞をつなげて作った、人形を吊り下げ、土方と躍らせる。「装置は俳優なのだ、俳優は装置なのだ」という父の持論もあり、オブジェに息を吹き込み、肉体をオブジェとして扱う舞踏の基本的な原型が形作られていったようだ。（その持論は『蟲びらき』の舞台美術にも反映されている）

父は「舞台と客席の境界を取り払いたい。客席と舞台の関係性を変えたかったのだ」と話していた。舞台の冒頭で、男娼ディヴィーヌに扮した大野一雄が客席から登場するアイデアや、最後に書割が舞台前までせり出してきて、演者を客席に追い出してしまうという発案も父が出したと言っていた。舞台から追い出された大野一雄がサラリーマンのようにカバンを持ち、帽子を被って客席へと消えてゆく。

父は常日頃「体験」こそが大事なのだと口癖のように言っていた。観客が単に観客としておさまっていることを許さない。舞台の上の出来事は単なる絵空事ではなく、観客の日常とつながっている。父の狙いは舞台を観劇の場ではなく「体験の場」とすることだったと思う。その思想は舞台美術だけでなく父のあらゆる作品の根底に流れている。

もうひとつ重要なエピソードは、照明に関してである。当時、奈落で裏方をしていた母が、会場がガヤガヤと騒がしいのを不審に思って、舞台に上がって見ると、あろうことか、父が照明マンと喧嘩を始めていたというのだ。そのせいで、開演時間になっても幕が開かず、土方は舞台場で、腕を組んで困ったようにウロウロとしていたという。

父は「けばけばしい、キャバレーのような照明が我慢がならなかった」と言っていた。父は美術とは照明まで含めて自分の責任だと考えていたようで頑として譲らなかった。怒った照明マンが色ゼラを取

り払い「生明かり」にしてしまったという。ところが怪我の功名か、それが舞踏には合っていたようで、かえって斬新な印象を与え、舞台自体は好評だったという、以来、舞踏の明かりは生明かりという伝統が生まれたという。

しかし、その時の開演前のいざこざに懲りたのか、交流はあるものの、土方からの舞台美術の依頼はパッタリと途絶えた。

それから25年の月日が流れ、再び土方から、父に舞台美術の依頼が来る。1985年4月に朝日記念館朝日ギャラリー（有楽町センタービル）で開かれていた「水谷勇夫展〜モンゴリアン聖地巡礼」という回顧展に、ひょっこり土方が芦川羊子を伴って訪れたのだ。私もその場に居合わせたのだが、一通り会場を見て回ったあと、久しぶりに土方自身が踊る舞踏公演を計画しているので、舞台美術を頼みたいという。セゾンの企画でモーリス・ベジャールなどもかかわる大規模なイベントになるという。第一回は加山又造が担当する話になっているので、第二回を父に頼みたいという。構想では、日本晴れの真っ青な空に立つ富士山を背景に、おびただしい桜の花びらが舞い散りその中で風神雷神を踊る、桜の花びらは客席にも5センチほども降り積もる、という具体的なイメージまで語ってくれた。土方は1973年以降、振り付けや演出はするものの自ら舞台に立つことはなかった。

伝説の舞踏家の舞台が見られると思い私も興奮したことを覚えている。それに先立って、土方巽舞踏行脚を全国を回って行いたいから、名古屋は当時父が主宰していた「なごや絵学校」で受け入れて欲しいとのことであった。

そんな経緯で、1985年には、名古屋で土方巽舞踏行脚の講演が行われた、もしかしたら、土方巽の踊りが見られるのではないかという期待もあり、大勢の人が詰め掛けた、しかし、講演とスライドショーのみで、踊りを見ることはできなかった。

およそ一月後、元藤燁子夫人から、土方が癌で倒れたという連絡を受け取った。

肝臓癌で手の施しようがなく、余命いくばくもないという。

その後、冒頭にあるように、土方巽は水谷勇夫との舞台の約束を果たすことのないまま、冥界へと旅立った。父はさぞかし、無念の思いを噛み締めていたに違いない。その思いが、「土方巽追悼『蟲びらき』舞踏創生紀　始源の出遇いの出遇い」へとつながっていく。

大野一雄と水谷勇夫

「装置は俳優なのだ。俳優は装置なのだ」

私はこの言葉通り、動く装置、宙吊りにした物体が舞踏手とともに動き**踊**るようにした。舞台後方の壁面は、舞踏劇の最後、全面せり出し、俳優を**客席**まで追い出してしまったのである。

（水谷勇夫「装置は俳優なんだ」草稿より。完成稿は『土方巽の舞踏 肉体のシュルレアリスム 身体のオントロジー』〈二〇〇三〉43頁掲載）

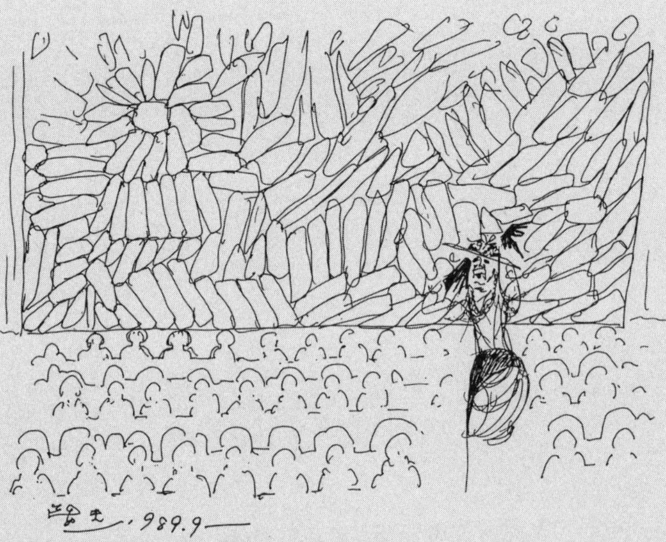

水谷勇夫のスケッチ
客席にいる大野一雄、その背後には丸めた新聞紙に胡粉と墨汁をちらした舞台装置が描かれている

水谷勇夫のスケッチ
「大野宅での酒盛り夜話」 右から大野慶人、土方巽、大野一雄、水谷勇夫、大野チエ（大野一雄夫人）が描かれている

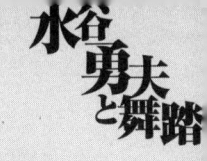

東京池袋百貨店の屋上で行われた水谷勇夫による『蟲びらき』壁画（書割）公開制作
とそこに現れた大野一雄の即興のようす。水谷はおよそ３時間40分で描きあげた
（『蟲びらき』舞台美術公開制作記録映像（1988、ビデオ）より作成）

むしびらき
蟲びらき
蟲開き

溝端俊夫
NPO法人ダンスアーカイヴ構想理事

『蟲びらき』という名称で参照できる作品が、何度か異なる場所と状況で上演されている。「むしびらき」「蟲びらき」「蟲開き」、というように書き方がそのたびに微妙に違う。本稿では、その中で、1988年東京池袋で行われた『蟲びらき』を中心に見ながら、全体的にどういう作品なのか探ってみたい。

『むしびらき』は、1987年7月24日から26日に山形県升玉で行われた土方巽野辺おくり祭「むしびらき」である。「東北舞踏ぶるまい升玉編」という副題が付いている。数十人の舞踏家が参加し、舞踏公演あり、レクチャーあり、映画あり、ワークショップありのイベントだった。これは舞台公演ではなく、なにより前年に死去した土方巽の魂を送る特別な一回性の祭りであるが、その後の大野一雄の『蟲びらき』が、土方への追悼をこめて作られ、ここから来ていることは疑いを入れないのだから、関連する部分の概要を記しておこう。

大野一雄アーカイヴに残されている、『むしびらき』のプログラムと写真、映像から、このイベントに舞踏家、土方に関わった文学者、写真家、美術家など多くの人たちが参加し、いろいろなイベントが3日間にわたり行われていることが窺われる。この熱気はさすがに時代のエネルギーを感じさせる。なかでも、民家の土間を舞台にした連続公演があり、さまざまの人たちが踊ったと推測されるが、最後に、元藤燁子、小林嵯峨のソロとデュオ、そして大野一雄のソロがある。大野は、竹の模様の藍色の着物を裸体に羽織り、細い竹の棒きれを持って、ひとりで数十分踊る。このとき大野慶人は踊り手としては登場しない。竹の棒の踊りは、その後の『蟲びらき』にも登場するが、それ以前、そしてそれ以上に『睡蓮』という大野一雄・慶人のデュオ作品に現れる大野一雄の印象的なソロである。

野辺おくり祭『むしびらき』の1ヶ月後、8月30日に、東京のセゾン劇場で土方巽追悼公演『病める舞姫』のプログラムとして『睡蓮』が日本初演されている。そこでもこの竹の棒のソロがある。以下に詳しく見ていくように、『蟲びらき』と『睡蓮』は場面構成がたいへん似ており、またほぼ同時期に制作され、発表されている。『睡蓮』は、1987年6月にシュトゥットガルトの世界演劇祭で初演され、8月末にセゾン劇場で日本初演、升玉の『むしびらき』はちょうどこの二つの『睡蓮』の間隙にあった。また翌年1988年8月には、東京池袋の『蟲びらき』が発表されるが、その直前6月に、『睡蓮』はニューヨークで上演されている。じつは、このニューヨーク公演で、『睡蓮』は大きくリメイクされ、その後幾度となく再演された定型ができあがる。この『睡蓮』決定版の主要な場面が、東京での『蟲びらき』でも演じられている。『睡蓮』と『蟲びらき』は作品作りの過程で交錯し、最終的に『睡蓮』に上書きされたといってもいいのかもしれない。『蟲びらき』は、『むしびらき』の一回性を引き継ぐ祝祭的性格が強く、一方『睡蓮』は世界中で再演を重ねた。舞踏の歴史を俯瞰するとき、『蟲びらき』は水谷の参加も相まって60年代的であり、『睡蓮』はモネの「睡蓮」から来ている様に、80年代の舞踏の国際展開から生まれており、対照的だ。『蟲びらき』は、そういう点からたいへん興味深い歴史的交錯点だったともいえる。

さて、本題の『蟲びらき』を詳しく見てみよう。

『蟲びらき』は、1988年8月19日から21日に、

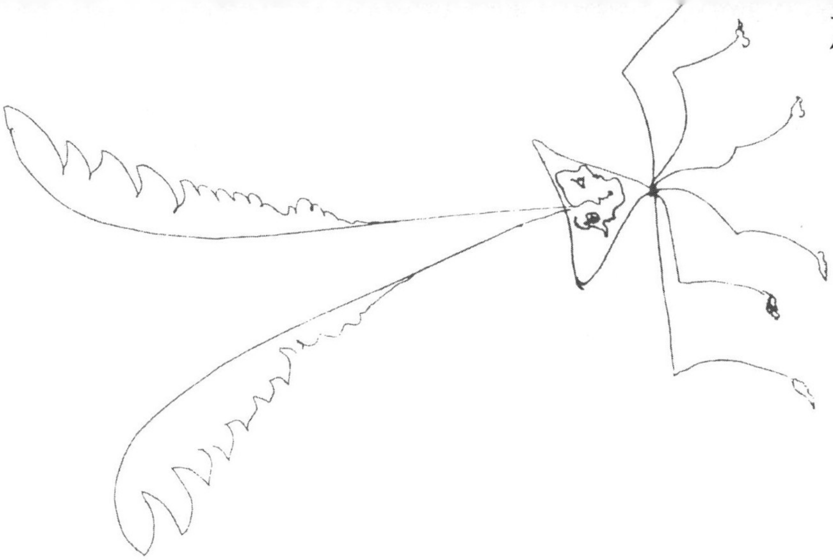

東京池袋の西武デパートにあったスタジオ200で行われた。サブタイトルに「土方巽野辺送りより」とある。 東京国際演劇祭'88池袋の主催である。この公演で水谷勇夫が美術家として参加する。水谷の制作したのは、胡粉を使って描かれた背景の書割と、最後のシーンで天井から登場する《かれい》と名付けた木の骨組みと白和紙の大きなセット、観客一人一人に配って持たせた、棒の先に紙のカマキリを取り付けた小道具、それと大野慶人の紙製の頭飾りである。書割は劇場入りの3日前にデパートの屋上で公開制作した。制作だけでなく、ここで大野一雄は『ラ・アルヘンチーナ頌』の冒頭シーン、ディヴィーヌの衣装で踊っている。この映像も残されている。

『蟲びらき』はざっとこんな構成だった。

出演　大野一雄　大野慶人　マリリア
オルガン生演奏　渡辺善忠
構成・演出　大野慶人
舞台美術　水谷勇夫
衣装　大野悦子
音響　中沢英二
照明　溝端俊夫

場面1　客入れからオルガン生演奏
場面2　大野一雄と大野慶人　ハレー彗星に横たわる女
場面3　大野慶人　ピンクフロイド
場面4　大野一雄　河の女神の唄　竹の棒の踊り
場面5　大野一雄　ポートレート
場面6　大野慶人　タイム・ウインド　土方巽が「死海」(1985)のために振付
場面7　大野慶人　子守歌
場面8　大野一雄　カマキリ　オルガンとフリージャズ　《かれい》との格闘
場面9　大野一雄　アンコール　ショパン

このうち、場面1から場面5が『睡蓮』と重なる。ちなみに、ここで場面の名称とは、内部的に呼び習わしていた楽曲名であったり、通称の呼び名だ。『蟲びらき』という作品だけに現れるのは、場面8だ。滑車で天井に吊られた《かれい》が客席後方から舞台上に移動し、大野一雄の上に被さるように降下するシーンだ。衣装は、燕尾服にグレーのペンキを塗ったごわごわの上着と帽子と靴だ。ペンキは大野一雄が自分で塗った。音楽は、ドアーズとフリージャズ。ジム・モリソンの雄叫びとペーター・ブロッツマンの激しいアルトサックスがミックスされている。このミックス音源も大野一雄が自分でつなげて、しばしばいろんなところで使っていたものだ。私見を述べるのも恐縮だが、思うに、『蟲びらき』とはここ、この場面に違いない。

『蟲びらき』は、2年後の1990年2月、名古屋の七ツ寺共同スタジオで再演される。その時も《かれい》は、あの七ツ寺の天井から舞踏家に向かって飛びかかるように降下してきたと記憶する。

初演の《かれい》は奇跡的に保管され、30年の歳月の後、丁寧な修復を経て今回展示されることになった。作品構成を振り返り、一言説明を付加させてもらえるのなら、この巨大な紙の化け物は、じっと静かに飾られていたのではなく、ある瞬間に激しい衝動と共に現れ、格闘し、空に消えていったものだった、ということをお伝えしたい。それが『蟲びらき』の見えた瞬間だった。

蟲びらき

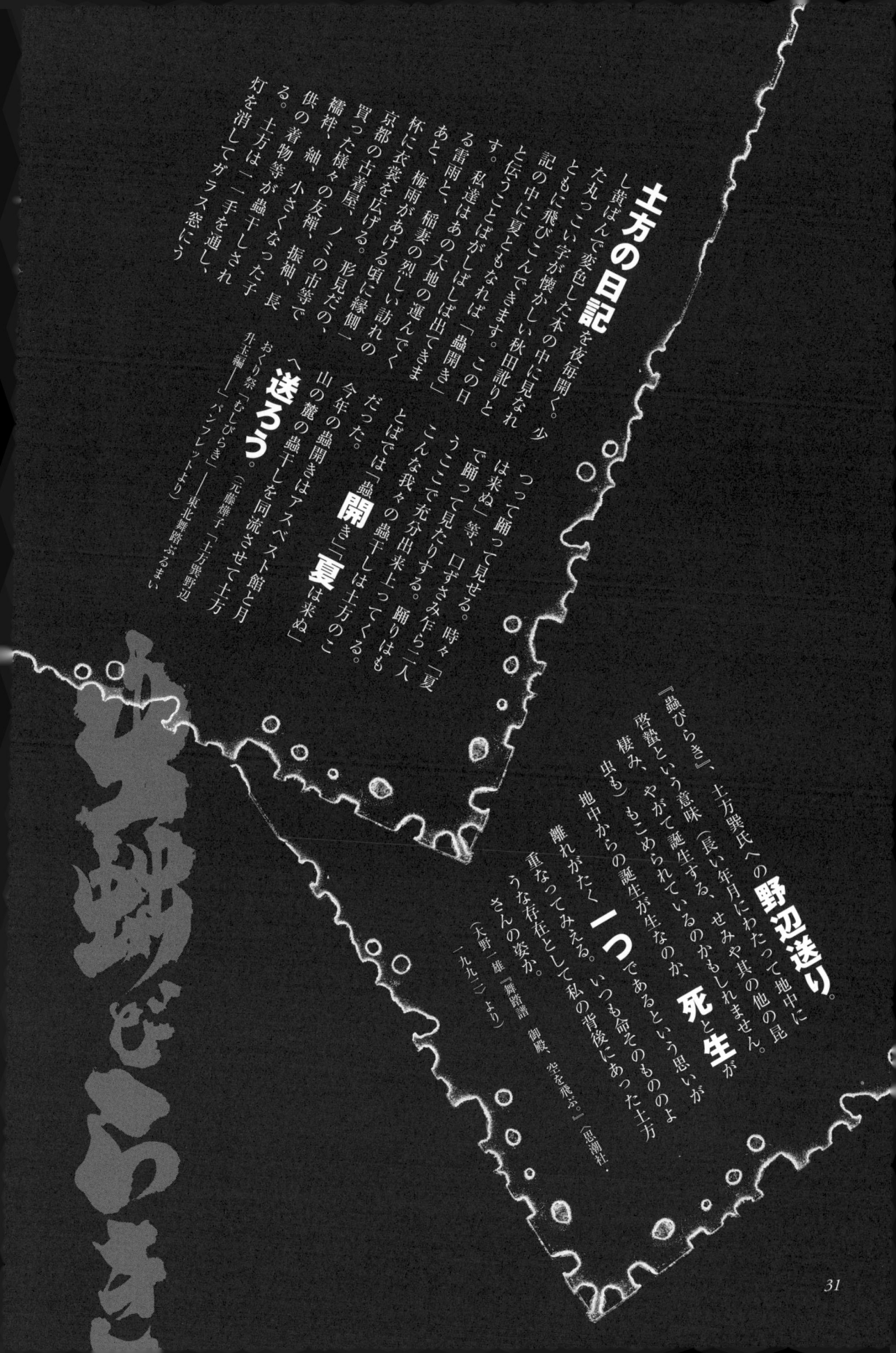

土方の日記を夜毎開く。少し黄ばんで変色した本の中に見なれた丸っこい字が懐かしい秋田訛りとともに飛びこんできます。この日記の中に夏ともなれば「蟲開き」と伝うことばがしばしば出てきます。私達はあの大地の運んでくる雷雨と、稲妻の烈しい訪れのあと、梅雨があける頃に縁側一杯に衣裳を広げる。形見だの、京都の古着屋、ノミの市等で買った様々の友禅、振袖、長襦袢、紬、小さくなった子供の着物等が蟲干しされる。土方は一一手を通し、灯を消してガラス窓にうつって踊って見せる。時々「夏は来ぬ」等、口ずさみ乍ら二人で踊って見たりする。踊りはもうここで充分出来上ってくる。こんな我々の蟲干しは土方のことばでは「蟲**開**き」「**夏**は来ぬ」だった。
今年の蟲開きはアスベスト館と月山の麓の蟲干しを同流させて土方へ**送ろう**。

（元藤燁子「土方巽野辺おくり祭「むしびらき」——東北舞踏ぶるまい升玉編——」パンフレットより）

『蟲びらき』、土方巽氏への**野辺送り**。
啓蟄という意味（長い年月にわたって地中に棲み、やがて誕生する、せみや其の他の昆虫も）もこめられているのかもしれません。
地中からの誕生が生なのか、**死**と**生**が離れがたく**一つ**であるという思いが重なってみえる。いつも命そのもののような存在として私の背後にあった土方さんの姿か。

（大野一雄『舞踏譜 御殿、空を飛ぶ。』〈思潮社、一九九二〉より）

劇場の四方を墨絵でかこみ、天上には客席の頭上を通って舞台に泳ぐように降りてくる巨大な魂か、生命か、魚か、鳥か。あれは土方巽さんだという方もありましたが、白い紙でつくられた巨大な生きものでした。

（大野一雄『舞踏譜　御殿、空を飛ぶ。』〈思潮社・1992〉より）

私の母が亡くなる時、ものすごい量の体液（汗）が流れ出て、わづかの間に布団からその下の畳まで濡らしてしまった。私は何度も何度も寝具を取り換えたが、布団からはまた、いつの間にか湯気が立ち昇っていた。それは恐ろしい程の光景だった。命の最後の燃焼のすさまじさを、私はまざまざと実感しました。

その時です。朦朧とした意識の中で、母がつぶやいたのです。

——私のからだの中を鰈が游いでいる

と。何かを追い求めるように、みつめるように、安らいだような、楽しそうな口調でした。最期の言葉だったのです。私に対する遺言だ！

長い年月にわたって、たくさんの子供をかかえ、貧乏のどん底にあってひたすら神仏を念じて生きて来た。私はやっぱりお母さんから生まれた子供だ、と思ったのです。

からだの中を鰈が游いでいる……。鰈……。丸まっこい体を海底にすり寄せるように耐えているうちに、いつの間にか、平になってしまったのだ。目は命そのもののような姿となって、とんでもない所まで出掛け、海からたくさんのものを受け取っておったに違いない。一撃を与えるように大地を、いや砂をけたてて、全身をくねらせて游ぎ出す。生命そのものの姿だ。

母親の言葉を通して、私は「命の言葉」を受け取った。舞踏を支える根源は命だ。霊だ。母は死に臨んだ時に、私にとって一番大切な啓示を与えてくださったのだ。

立ちのぼる湯気の中で、愛情のかたまりを受け取った想いでした。

（大野一雄『舞踏譜　御殿、空を飛ぶ。』〈思潮社・1992〉より）

『蟲びらき』裏話２
大野一雄舞踏公演蟲びらき

水谷イズル（水谷勇夫の息子）
アーティスト

1988年、大野一雄から土方巽追悼『蟲びらき』の舞台美術の依頼を受けた時、父・水谷勇夫は一も二もなく引き受けた。その時、土方巽、大野一雄、大野慶人とともに、舞踏の草創期を作り上げた、若い日の思いが胸を駆け巡っていたのだと思う。

「蟲びらき」という言葉は、辞書にはないようだが、父にこの言葉の意味を尋ねた時には、「啓蟄」のことだと聞かされた。春になって虫が地面から這い出てくる季節のことを指すという。古来日本では「蟲」とは単なる昆虫を指すだけではなく、「蟲の知らせ」「腹の蟲」など何か妖怪じみたこの世ならぬものを指す言葉としても使われる。父の作品にもたびたび虫が登場する。

「地底の世界から、異形のもの、この世ならぬものが這い出てくる季節」。それはちょうど、冥界へ旅立った盟友の魂を今一度、現世へ呼び戻す儀式のようなものだと私は理解していた。

大野一雄、慶人の両氏が名古屋の我が家を訪れて、『蟲びらき』の舞台の構想を聞かせてくれた。オスのカマキリはメスと交尾すると、すぐに逃げ出すという。しかし、すぐにメスに捕まって喰われてしまうのだという。そして生まれてくる子どもたちの栄養になってしまうのだ。この命と愛のやり取りを、大野一雄は、ご自身の母親と重ねていた。

「母が亡くなる時に、大量の汗をかいて、拭いても拭いても汗が出てくる。そして敷布団だけでなく、畳までびっしょりと汗がしみてしまった。その中でうわごとのように、私のお腹の中でカレイが泳いでいると語ったんです」それを大野一雄は、母からの遺言だと話していた。

そのことから、舞台の最後には、母の分身である「カレイ」が登場するので、作って欲しいとの依頼を受けた。カマキリのようなグレーの衣装を身につけ、《カマキリの杖》を持った大野一雄が、《かれい》と格闘するような、戯れるようなシーンがある。これもまた冥界から呼び戻された母親の変わり果てた姿と言えるかもしれない。

父の出した『蟲びらき』の構想は、舞台の上だけでなく、客席まで劇空間に取り込んでしまおうというものであった。劇場の前後左右の壁全面を、絵で取り囲んでしまい、観客にまで、河原に生えているセイタカアワダチソウの茎に紙で作ったカマキリを取り付けて持たせ、観客も舞台装置の一部としてしまった。

これは私見だが、客席に林立する《カマキリの杖》は、舞踏を見るには邪魔な存在ではあるが、まるで、河原の草場の陰から、この世ならぬものを覗き見ているような錯覚を生み出す。当時使われていたのは、我が家の近くの庄内川の河原からとってきたセイタカアワダチソウの茎であった。父は表現の場として、よく河原を選んだ。それは誰のものでもないアジール（無縁所）であったからではないかと思う。長良川アンデパンダン（1965年）で河原での展示を発案したのも父であった。そのアジールである河原を劇場に持ち込み、会場そのものをアジールと化してしまったのだと思う。

また《かれい》は、主に父がよく画材として使っていた「鳥の子和紙」で作られている。そのイメージは、魚とは程遠く、羽のような、花のような、物体である。そこには、三河地方の山間部の「花祭り」

『蟲びらき』東京公演（1988年）で花飾りをつけて舞う大野慶人（撮影：池上直哉）

で湯釜の上に吊られる「湯蓋（ゆぶた）」のイメージが重なる。大野慶人が舞台で頭につけている花飾りは《かれい》の花と同じものだ。七ツ寺共同スタジオでの『蟲びらき』の際には入口の天井には水谷が作った湯蓋が吊り下げられていた。

父は日本の山間僻地に伝わる、民間伝承や祭り、行事から多くの着想を得ていた。父にとって、舞台は、近代的な「劇空間」にとどまらず、「祭り」または「儀式」の場でもあったように思う。

そのあたりが農村の農具や儀式に使うものを呪物のように使う、舞踏との共通点だったのではないか。土方が、自身の最初の大規模なリサイタルの舞台美術に父を指名したのは、それを嗅ぎ取っていたからではないだろうか。

父は西洋近代合理主義を嫌っていた。と同時に、明治以降の近代化された国家主義的な日本にも否定的だった（日本画という言葉を嫌って使わなかった）。それらに対するアンチテーゼとして、民間に伝わる「原日本」の古層のようなものを掘り起こすことによって、近代を超克しようとしていたのではないだろうか。

土方巽、大野一雄、水谷勇夫という稀有な才能の出会いが生み出した舞台が図らずも、行き詰まりを見せる近代以降の日本のもう一つの道筋を示しているように思うのは私の思い込みだろうか。

今年大野慶人が亡くなり、この舞台に立っていた全ての人が鬼籍に入ってしまった。

我が家で大野一雄が語った「生きている間だけではないよ～。死んでからもだよ～」という声が今も聞こえるような気がする。肉体は滅びても、その魂は作品の中に込められている。

父が土方巽を舞台の上で蘇らせようとしたように、今、この舞台を再現するという行為は、亡くなったものたちの魂を蘇らせる「反魂」の儀式でもあるのかもしれない。

※敬称略
※これは、生前の父や、今も生きている母が繰り返し私に語ってくれた話をまとめたオーラルヒストリーです。記憶違いや、事実の誤認もあるかもしれませんが、水谷勇夫と舞踏の関わりを理解する上での一助になれば幸いです。

大野一雄舞踏公演『蟲びらき』1988年の舞台

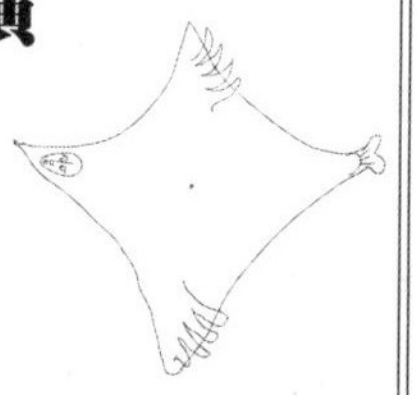

國吉和子
多摩美術大学客員教授

1986年1月に暗黒舞踏の土方巽が急逝してからというもの、舞踏界は深い哀しみとともに、驚きと戸惑いに包まれていた。その年、雑誌出版界では次々と追悼号が特集され、故人を偲ぶ映像上映会や写真展が開かれ、舞踏家達は予定していた舞踏公演にことごとく土方巽追悼の想いを込めた。翌年には未亡人の元藤燁子氏が中心となって土方の言葉がまとめられ、全遺稿集として『美貌の青空』（筑摩書房）が出版された。こうした状況の中、その年の夏にはアスベスト館主催で「土方巽野辺おくり祭『むしびらき』東北舞踏ぶるまい升玉編」と称し、山形県大蔵村升玉で土方の野辺送りが行われた。日本各地から舞踏家が参加し、升玉の里全域が踊り場となった。大野一雄も特別ゲストとして参加した。升玉の民家を虫籠にみたて、明け放った窓から夏の虫達が解き放たれて一斉に飛び立つイメージを重ねて、土方の魂をかがり火とともに送るという行事だった。この『むしびらき』が終わり、1ヶ月後の8月には東京銀座のセゾン劇場で土方巽追悼公演『病める舞姫』が開かれ、舞踏家5団体が参加し、改めて大規模な追悼公演が行われた。大野一雄はこの追悼公演で『睡蓮』（2か月前にドイツで初演した作品）を大野慶人と共演している。そしてこの追悼公演の直前、8月5日には土方の長年の盟友であったフランス文学者の澁澤龍彦が亡くなった。舞踏の中心柱土方の死と相前後して、その良き理解者をも失ってしまった。

池袋西武百貨店8階のスタジオ200で「大野一雄舞踏公演『蟲びらき』土方巽野辺送りより」（東京国際演劇祭'88池袋）が開催されたのは、翌年の88年8月のことだった。スタジオ200は1979年にオープンした多目的ホールで、1991年に閉館するまでダンス、舞踏はもちろんのこと映画上映、コンサート、演劇、シンポジウム、落語等に至るまで、先端的、実験的プログラムを、実に1200本余り企画上演していた小スペースだ。土方の遺作となった『東北歌舞伎計画』Ⅰ～Ⅳを連続で上演しており、舞踏にとっても特別の場だった。この公演で大野は1960年の『処理場』（土方巽演出、振付作品）以来、28年ぶりに水谷勇夫の舞台美術で踊った。時々の状況に応じて即興的に踊ってきた大野にとって、あらかじめ設定された舞台装置の中で踊ることは稀有な機会だったといえるだろう。そして今回、興味深かったのは、本番前に水谷が装置を作る作業を屋上で公開したことだった。

屋上全面に広げられた真っ白な書割に水谷は一枚一枚墨を落としてゆく。1960年代初頭に発表していた膠絵のシリーズから変遷を経て、当時（1980年代後半）は墨を流した画面による『存在の誕生』シリーズの時代にあたる。その日、水谷は絵具（墨）の入った缶から直接画面に墨を流したり、筆をもったまましばらく仁王立ちになって、次の一筆の位置を狙いすましたりしている。時折、助手の学生達に画面を大きく傾けるように指示する姿はまるで大海を小舟でわたる船長のようだ。傾斜を得て画面を這うように伸びてゆく墨は、見る間に怒涛のごとき波か暗雲か、不定形の塊をいくつも生みだしては消えてゆく。小柄な水谷は大きな画面の間をこまめに渡り移動しながら、目に見えない巨大な生き物を足許の画面に導きいれているようだ。時折、画布の裾に白の線を細かく書き込んでいるところは、岩に当たって砕けた波頭が泡立っているようにも見える。一方、大野はといえば本番さながらの姿（白塗り、衣装付き）で、制作中の書割の間を縫うようにして踊っている。音響もしっかり入っている。公開制作なので、偶々デ

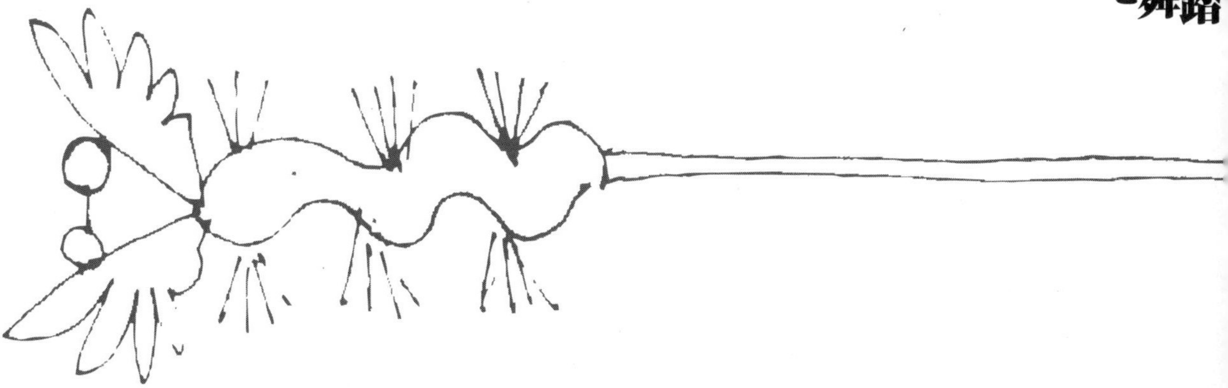

パートの屋上にやってきた人々などが三々五々立ち止まり、この突然出没した不思議な2人の様子を窺っては、また立ち去ってゆく。大野はドレス、和服、燕尾服などに着替えながら、時折、心配そうに、楽しそうに、悲しそうに、絶望的に、うれしそうに、制作中の書割の間に見え隠れしている。大きな画面を俯瞰するために水谷が用意した脚立に、大野がひっかかったりしても、水谷は気に留めない。大野はそんな水谷の顔を覗き込み、注意を引こうとしているようにも見える。やがて、屋上での公開制作は終わり、完成した書割はスタジオ200に搬入され、本番を迎えた。

夏草に集く虫の音に、やがて野太いカエルの鳴き声が重なってゆく冒頭シーン。水谷の迸るような筆致が白と黒の痕跡となって画面に刻みつけられている。その書割の前に、大野はディヴィーヌのドレス姿に華奢なパラソルをかざし持って登場した。その時、舞台前面に丈高い野草の影が幾本も現れ、見る者の視界をざわつかせる。この黒い影は最後まで舞台と客席の間にあって、不穏に揺れ動いている。これは実は水谷が観客に持たせた棒状のオブジェで、先端が菖蒲の花殻のようにみえるもので、この度の出品作品リストには《カマキリの杖》とある（大野はこれを「カマキリの鎌」ともいって、600本作ったという）。その正体はよくわからないが、要は、ゆらゆら揺れる黒い影が終始そこにあったということなのだ。1965年の長良川アンデパンダンフェスティバルで水谷が河原に突き立てた、土偶のようなものが先についた棒を連想させる。すでに不動の書割として立てられた水谷の墨絵は、この林立するカマキリの鎌の揺らぎが重ねられて初めて完成するものだったのだ。定着を拒否するかのようなこの美術の狭間で、大野は移ろいやすい事象を微妙に反映させる水の面、その面をわたる微風にさえもたちまち色をかえる小波のとりとめのなさに、とりすがるようにして反応する。その背後にあって、水谷の書割は単なる背景ではない。まるで生き物のように表情を変えてくる。共演の大野慶人は、ゆっくりと抑えた歩調で大野に背後から近づき、やがて遠のく、その時間が創り出す空間は、波立つ印象の淵にはっきりと渡された橋であり、まるで執行人のような厳格さで、大野の動きと見事に対照的だ。

スタジオ200での大野一雄の『蟲びらき』は、基本的には前年に初演された土方に捧げられた『睡蓮』による構成かと思われるが、今回は、水谷の美術が参加したことによってこの作品が揺さぶられ、再び創造の原野に立たされたようだった。そして後半、燕尾服に白タイツ、潰れた帽子を被った大野が、水谷の書割に両手で取りすがるように張り付く場面、さらに白い平たいオブジェが縁をヒラヒラさせながら中空から降りてくる場面、大野の母の遺言に登場する鰈（かれい）がこのような姿で登場するとは誰が予想しただろう。「耐えて耐えて平らになっちゃった」（大野）海底の鰈の下に、大野がさらに平たく沈み込んだかのように見えた時、このオブジェは悠々と昇天していった。大野の世界が水谷の手を通してなんとも微笑ましい形となって再来していた。1988年の大野一雄の『蟲びらき』は、水谷の墨絵の書割とオブジェが大野の舞踏と響鳴した瞬間であり、不定形の形、あるいはとてつもない形を生み出す朗らかで子供のように無邪気で自在な生命力を感じた公演だった。

水谷勇夫の関心領域

行動芸術

玄界遍路

水谷勇夫は1971年から「玄界遍路」と称する、行動芸術を開始した。「玄界」と書かれた背負子にテラコッタのオブジェを入れ、全国津々浦々を旅しながら、ことある毎にオブジェを設置して回った。設置場所は様々で、山村の小さな祠や、地獄谷などの自然の中、また公害が問題になっていた四日市コンビナートを望む対岸にも対峙するように設置した。

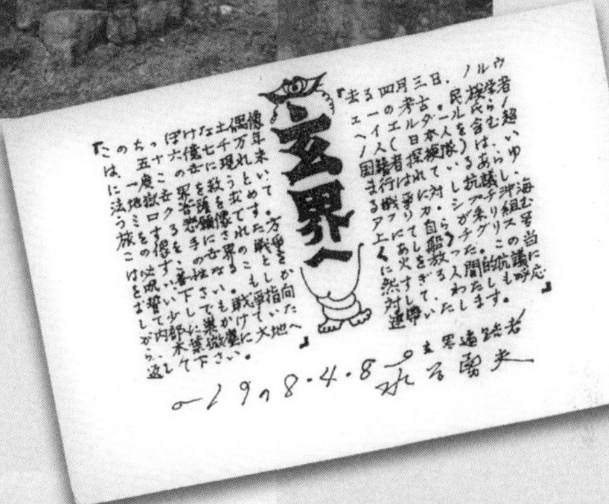

太陽を呼戻す装置の偶像
食いしゃぶられた地球が黒死病のように干からび、殺人とまやかしの思想の文化に彩色されている。この〈どうにもならない。我慢ならない空間〉を〈どうにかする時間〉へと切替えるために、逃げてゆく太陽の舞戻りと、地球の逆回転を願って、この偶像を地球上のいたるところに配置するものである。救世の神ミロクは567000万年に一度必ずどこからか訪れるという。その神にこれをささげ巡り来る日まで567000万体造像を念願する。この偶像の台上の〈蘇りの泉〉には一年に一度、冬至の真昼の太陽が上部の穴孔を通過して〈光〉と〈水〉を落とすように仕組まれている。人々はそれを年毎に確認されたい。
1972年　玄界遍路者同行二人

泥塑人形流し

1971年、26回目の敗戦記念日の未明、自らの分身としての泥塑人形を庄内川から玄界へと旅立たせた。舷側にマムシ、ガマ、クモ、ムカデ、カマキリなどを描いた小舟には、全身真っ赤に塗った等身大の泥塑人形が乗せられ、河原に噴火口と花弁をかたどってしつらえられた祭壇と人形を臍の緒様の縄がつないでいた。戦争、公害を生みつづける人間を救う出口を求めて、おのれの分身をもう一つのこの世へ旅立たせる行動芸術だった。

原日本

神殺し縄文

1974年　伝統と現代社
水谷勇夫は、本書の目的を「あたかも断ち切れてしまっていたかのように認識されてきた縄文文化と朦朧の神話世界との脈絡を結索して、原日本と現日本との血流を証明することにある」と書いている。

毎日新聞夕刊の連載「とうかい研究ノート」 1976年
水谷勇夫は「神話探訪五話」と題して、東海地区の神話伝承や伝統行事を取材した。肩書きに「民俗学研究家・画家」とある。

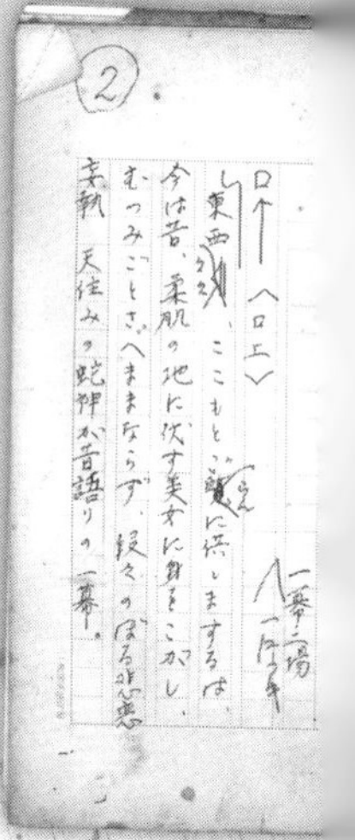

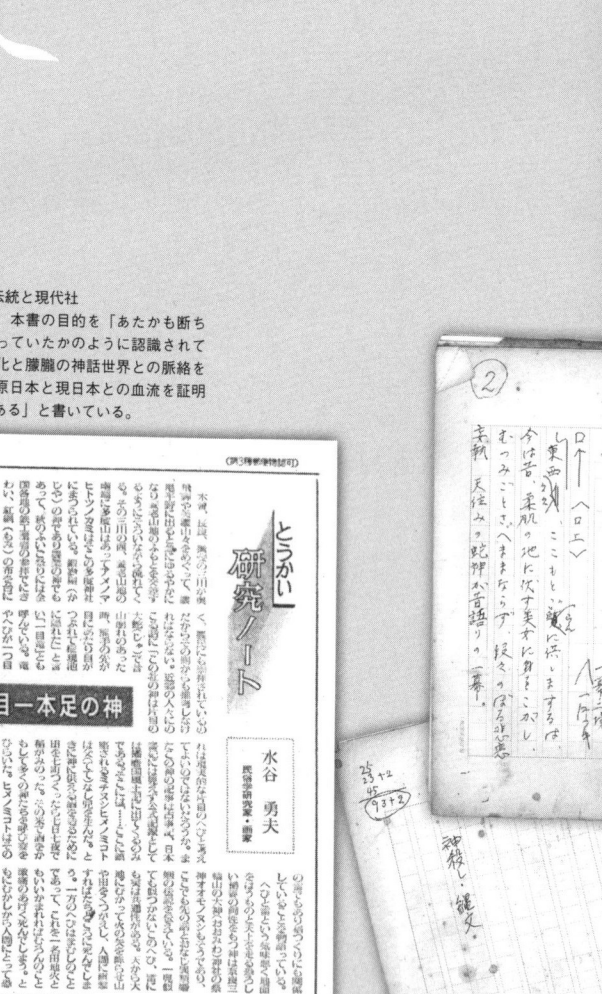

『神殺し・縄文』草稿
「東西、東西」で始まる歌舞伎風の口上をもつ芝居の台本など、書籍には収録されなかった部分も多く残る原稿。

標識人間詩曲

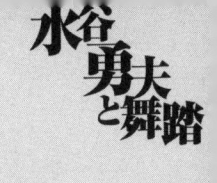

1979 年　セントラルパーク（名古屋市中区）で行われたパフォーマンス《暫時間壁画》のチラシ。1 日目に幅 90 メートル、高さ 2 メートルの壁画を制作、2 日目に展示し、3 日目に白く塗って抹消するという、3 日間にわたるパフォーマンスだった。

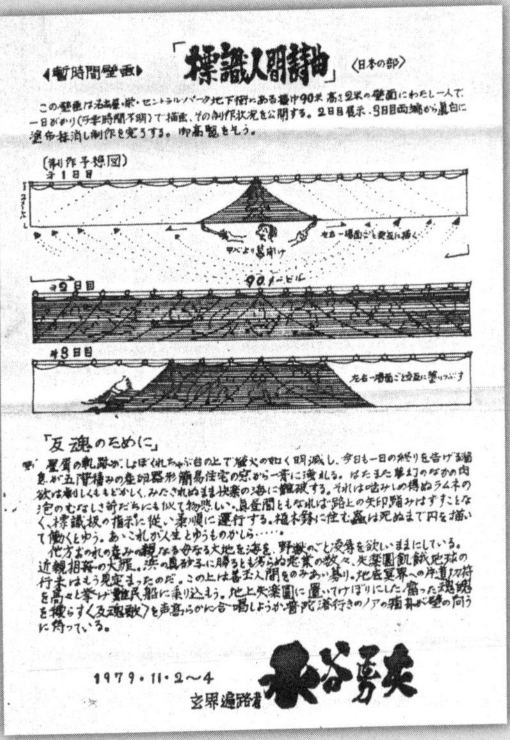

「標識人間詩曲」〈日本の部〉
《暫時間壁画》
この壁画は名古屋・栄・セントラルパーク地下街にある幅巾90米 高さ2米の壁面にわたし一人で一日がかり（所要時間不明）で描画、その制作状況を公開する。2日目展示、3日目西端から真白に塗布抹消し制作を完了する。御高覧をこう。
〔制作予想図〕
第1日目
第2日目
第3日目
「反魂のために」
1979・11・2〜4
玄界遍路者　水谷勇夫

反魂

日本芸術の源流を模索する

「今、迷い子日本芸術の源流を模索する」と題され、1996 年にメナード美術館（小牧市）で行われた講演で配布された資料。現代人が失ってしまったと思われる縄文造形の思想に源流を求め、それをよりどころとして日本の芸術史を総覧することで、今一度新しい芸術、思想の復活を意図していた。

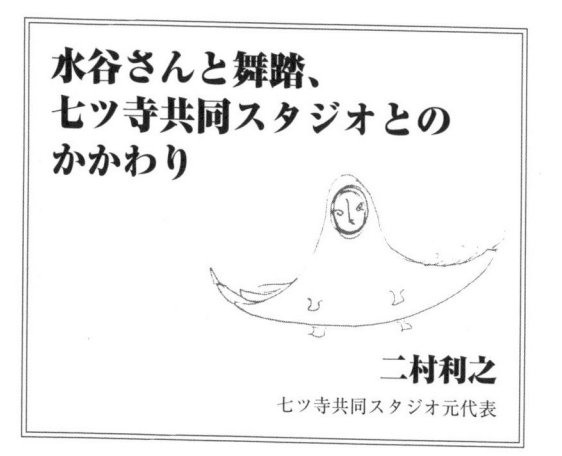

水谷さんと舞踏、七ツ寺共同スタジオとのかかわり

二村利之
七ツ寺共同スタジオ元代表

私が水谷勇夫さんと初めて出会ったのは、地元の夕刊紙「名古屋タイムズ」文化部記者として入社2年目の時であった。部長から「画家の水谷さんが、お盆に泥人形を川に流す儀式をやるから取材してこい」との命を受けた。

水谷さんの住まいは、竜泉寺丘陵の果ての崖に建てられていた。眼前を庄内川が流れている。儀式はその河原で行われた。まっ赤に塗られた等身大の泥塑人形が、木舟の上に安置されている。人形は水谷さんの分身だという。いまにもはちきれそうなはらみ腹に突きささった金色のペンは男性のシンボルだ。この人形に己を託してもう一つの世界、《玄界遍路》へ旅立とうというのだ。河原には噴火口と花弁をかたどり、地母神を象徴した祭壇がしつらえられ、その“母なる産みの力”を伝える綱が、泥塑人形のへその緒につながっている。戦後26回目の敗戦記念日の未明、分身人形は旅立った。

この時、水谷さんは49歳。一匹狼の前衛画家だ。ゆれ動く時代の中で人間を救う出口を求めて、自然や大地に向かって行う「行動芸術」に取り組んだ。水谷さんの原点には、21歳で召集され、中支戦線に従軍し、そこで地獄のような戦争の渦中に出会った龍門石窟の石仏群から救いを得た体験がある。敗戦後の水谷さんは画業にとどまらない多彩な活動を通して、戦争を引き起こす人間の業に抗う苦行僧の歩みをたどった。——取材した記事は1971年8月20日付の連載「人間ドラマ」として掲載された。水谷さんはこの記事を大層喜んでくれた。

私はまる2年勤めた記者の仕事をみずから“落第宣言”して退いた。1972年9月にかねてから目指していた自由な表現の場として七ツ寺共同スタジオを大須に創立した。大須は大須観音の門前町として発展、さまざまな芸能が生みだされた場所だ。スタジオでは演劇を中心に舞踏、実験映画など幅広い表現領域に取り組んだ。水谷さんにはスタジオを始める前に報告に行った。先行きを案じられたが、創立後は何かと応援してもらった。1975年にはスタジオで水谷さん初の著書『神殺し・縄文』の出版記念会が開かれ、丸山静氏、杉浦明平氏はじめ錚々たる顔ぶれが一堂に会した。

水谷さんが、舞踏と出会い、かかわり始めたのは60年代の初めである。1958年（村松画廊）、1960年（銀座画廊）と東京で個展を開いた折、土方巽さんが会場を訪れた。これがきっかけになって、60年の「土方巽DANCE EXPERIENCEの会」公演の舞台美術を担当。ここで土方さんの『禁色』、大野一雄さんの『マルドロールの歌』が発表された。この時のことを記録し、遺した画文では「『マルドロールの歌・序章』は女装した大野一雄が客席にまぎれこんでいて、踊りが始まる。だが肝心の舞台では、舞台一杯にはめこまれた新聞紙のソーセージの壁で一分のすきまもなく閉じられていた。その壁が徐々に後方に退き舞劇は始まる。（後略）」と記されている。

その後、1988年に池袋西武百貨店のスタジオ200で『蟲びらき』公演を大野さんと実現させたのは、水谷さんの舞踏とのかかわりのなかでの一つの結実となった。公演前には舞台美術の公開制作が行われ、アクションペインティングを披露した。

1990年には『蟲びらき』を名古屋で再演しようということで、七ツ寺共同スタジオが会場となった。

上：『蟲びらき』名古屋公演（撮影：水谷イズル）
下：《心宇宙のはざまにて》の前で踊る大野慶人
（撮影：桑山清晴）

私も制作を担当した。この公演では早くから大野さんと舞台を共にしてきた息子の慶人さんも共演。名古屋で大野一雄さんの舞踏を見られるのは初めてのことだ。大野さんの舞踏は、天衣無縫のままで一つ一つの手の動きがそのまま宇宙につながっていく。公演では舞台空間と美術に参加するねらいで小道具《カマキリの杖》を観客にもってもらった。

この企画は1986年に亡くなった土方さんの追悼のためのものでもあり、3夜にわたった公演を中心に、唐十郎氏ほかの講演、映像上映が組まれた。この公演は土方さんの伴侶で舞踏家である元藤燁子さんの尽力によるところが大きい。タイトルの「——舞踏創生期 始源の出遇いの出遇い——」には舞踏の始まりにかかわった水谷さんの熱い思いが込められている。

水谷さんは2005年6月に他界した。享年83。この年、水谷さんの息子、イズルさんの手で追悼イベント「水谷勇夫の心宇宙～天に踊れ水谷勇夫の色と魂～」が2夜にわたって七ツ寺共同スタジオで開かれた。舞台上のメイン展示「心宇宙のはざまにて」は、天井から吊るされた無数の陶片が球状に集積された作品で、1998年に池田20世紀美術館の企画展に出品したものを復元した。大野慶人さんが舞踏を捧げた。シンポジウムは「美術の中の水谷勇夫」／「ジャンルを超える水谷勇夫」と題し（パネラー：針生一郎、池田龍雄ほか）、映像は活動を記録した7本の上映が、行われた。心のこもった会であった。

最後に、七ツ寺共同スタジオと大野さんとのかかわりについて触れておこう。創立間もない頃は舞踏の公演を手がけるにも人脈も資金もなかった。そこで映像で舞踏を紹介しようと、1976年に「暗黒舞踏の系譜」として上映会を開いた。大野さんの踊りを撮った長野千秋監督の『O氏の肖像』（1969年）ほか、土方巽、笠井叡、麿赤兒らが出演する映像を上映、講演には市川雅氏を招いた。大野さんをお呼びしたら気軽に来てくださった。上映終了後、大野さんを囲んで親しくお話を伺うことができた。

また、土方さんについて思い出深いのは、亡くなる前年、舞踏行脚（スライド＋講演）のために水谷さんの主宰するなごや絵学校に来られた。他の開催地の帰途、中継のため七ツ寺共同スタジオに泊まられた時のことだ。翌朝、近くの喫茶店でお茶をともに。土方さんがおいしそうにホットケーキを食べられたのがほほえましかった。「君の小屋はいいところだから今度何かやってあげるよ」と言われた。この話は叶わずじまいになった。

水谷勇夫と舞踏関連年譜

※年表作成：水谷イズル

年	月	水谷勇夫と舞踏　関連トピック
1958	10	水谷勇夫個展（村松画廊）に土方巽が訪れる。
1960	5	水谷勇夫個展（銀座画廊）に土方巽が訪れ舞台美術を依頼する
	7	「土方巽 DANCE EXPERIENCE の会」（東京日比谷第一生命ホール）舞台美術：水谷勇夫　先験者：大野一雄　文：三島由紀夫　※土方巽は水谷勇夫の絵画作品《処理場》と同名の踊りを踊る
	4	「超現実絵画の展開」展（国立近代美術館〈東京〉）監修：瀧口修造　水谷勇夫が《見物人》を出品　土方巽を瀧口修造に紹介する
1969	7	紅テント 劇団状況劇場『腰巻お仙』（「義理人情いろはにほへと篇」7月、「振袖火事の巻」9月、名古屋市若宮八幡神社）　唐十郎、李礼仙、麿赤児が名古屋市矢田町の水谷勇夫宅を訪れる
1976	3	グリーン・エコー 第21回演奏会『カルミナ・ブラーナ』（音楽監督：藤井知昭、名古屋市民会館）　舞台美術：水谷勇夫　出演：大駱駝艦　麿赤児、カルロッタ池田、古川あんず、他　演出：久保則男 古川あんずが水谷勇夫の守山の自宅を訪れる
	11	水谷勇夫個展（東京都美術館）麿赤児が会場で踊る　パンフレットに瀧口修造、針生一郎、中原佑介が寄稿
1977	5	大駱駝艦天賦典式『象牙令』（20～22日：名古屋市鈴蘭南座、27～29日：京大西部講堂）水谷勇夫が題字を担当
1985	4	水谷勇夫展「モンゴリアン聖地巡礼」（有楽町朝日ギャラリー）を土方巽と芦川羊子が訪ね舞台美術を依頼（土方が死去のため実現せず）
	11	土方巽舞踏行脚（なごや絵学校）講演
1986	1	土方巽死去
1987	7	麿赤児の依頼でイベント「亜細亜の巻 鬼市場」（京都）の会場にて水谷勇夫となごや絵学校の受講生が「野外特設劇場盤船伽藍」の戸板でできた壁に連画を描く
1988	8	土方巽野辺送りより　大野一雄舞踏公演『蟲びらき』（池袋西武スタジオ200）舞台美術を水谷勇夫が担当、3日前に舞台装置を公開制作　大野慶人の花飾りを依頼され水谷勇夫が作る
1989	10	「土方巽とその周辺展」（横浜市民ギャラリー）　水谷勇夫が『マルドロールの歌』舞台装置を再現、また《再現ミニチュア装置「第1回暗黒舞踏土方巽リサイタル」》（1987）を出品
1990	1	「写真で見る土方巽」展（名古屋栄セントラルパーク）
	2	土方巽追悼　大野一雄舞踏公演『蟲びらき』（七ツ寺共同スタジオ）イベント：「舞踏創生紀 始源の出遇いの出遇い」講演：元藤燁子、唐十郎、中村文昭
	5	『乾坤譚』一里塚本業窯（瀬戸）　美術（粘土造形パフォーマンス）：水谷勇夫　舞踏：玉野黄市、元藤燁子、プロデュース：松永耕二、映像：水谷イズル
1991	7	古川あんず＆ダンス・バター TOKIO Theatre-Dance-Project 1991『リッツホテルのように大きなダイヤモンド』（8日：渋谷パルコ劇場、12日：名古屋市民会館）、水谷勇夫がカタログに寄稿
1992	7	元藤燁子舞踏公演「土方巽とともに」（七ツ寺共同スタジオ）　幟の書「舞踏行脚」「風姿花伝」を水谷勇夫が揮毫
1993	6	水谷勇夫個展（ギャラリー APA/ 名古屋）で大野一雄が踊り、水谷勇夫が粘土造形ライブパフォーマンス
1994	10	水谷勇夫個展（名古屋市美術館）で大野一雄が『風姿花伝』を踊り、水谷勇夫が公開制作する
1995	2	大野一雄全作品上演計画第3回『死海』（テアトルフォンテ）タイトル書：水谷勇夫
	5	ダニエル・シュミット監督『KAZUO OHNO』初公開（愛知芸術文化センター）講演：大野一雄　水谷勇夫が会場を訪れる
	8	映画『魂の風景』上映と鼎談（福岡町ふれあい文化センター）　語り：大野一雄、大野慶人、水谷勇夫　主催：福岡町芸術思考館（中津川市福岡）
1997	12	「美術と舞踏の土方巽展」（池田20世紀美術館）　水谷勇夫が《奪衣婆の舞あるいは観世音のつぶやき》（窯造形）を出品
	12	イベントーク part VI「土方巽を幻視する」　元藤燁子舞踏公演『鏡のテオーリア』ゲスト出演：大野一雄（愛知芸術文化センター）　水谷勇夫がパンフレットに寄稿
1998	3	「水谷勇夫50年の造形の軌跡～終わりから始まりから～」展（池田20世紀美術館）《心宇宙のはざまにて》の前で大野一雄、大野慶人、元藤燁子が踊る
2001	1	DVD ビデオ『大野一雄　美と力』タイトル書：水谷勇夫　撮影編集：水谷イズル（NHK ソフトウェアー刊）
2003	8	テーマ上映会「大野一雄ビデオ・ライブラリー」大野一雄小公演（愛知芸術文化センター）、水谷勇夫が書を揮毫
	10	「肉体のシュルレアリスム 舞踏家 土方巽抄」展（川崎市岡本太郎美術館）《再現ミニチュア装置「第1回暗黒舞踏土方巽リサイタル」》（1987）を展示 アスベスト館の壁紙を剥がし「風姿花伝」「天踏地舞」を水谷勇夫が揮毫、舞踏イベントで掲示。会期中に元藤燁子死去
2005	6	水谷勇夫死去
	11	追悼イベント「水谷勇夫の心宇宙～天に踊れ水谷勇夫の色と魂～」（七ツ寺共同スタジオ）　大野慶人が《心宇宙のはざまにて》の前で踊る
2010	6	大野一雄死去
2020	1	大野慶人死去
	4	「水谷勇夫と舞踏」展（愛知県美術館） 新型コロナウィルス感染拡大防止のため休止後再開（6/25～9/6）

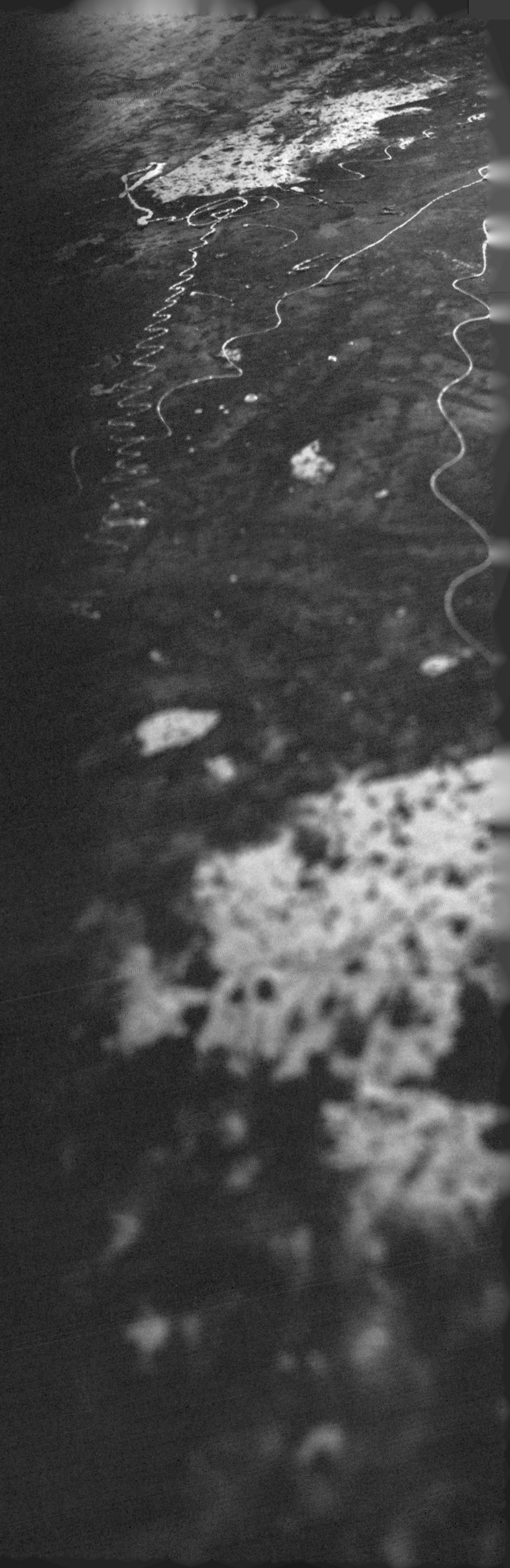

執筆者（五十音順）

越後谷卓司（愛知県美術館主任学芸員）
國吉和子（多摩美術大学客員教授）
馬場駿吉（美術・舞台芸術評論家）
二村利之（七ツ寺共同スタジオ元代表）
水谷イズル（アーティスト）
溝端俊夫（NPO 法人ダンスアーカイヴ構想理事）
森下隆（NPO 法人舞踏創造資源代表理事）

下記の方々のご協力をいただきました。
謹んで御礼申し上げます。

愛知県美術館
AMC（アート＆マインド・センター）
池上直哉
大野一雄舞踏研究所
慶應義塾大学アート・センター 土方巽アーカイヴ
芸術新潮
社会福祉法人一期一会福祉会
NPO 法人ダンスアーカイヴ構想
NPO 法人舞踏創造資源
細江英公写真芸術研究所
水谷孝子

表紙写真　池上直哉

装　　幀　伊藤道子

編集協力　越後谷卓司　水谷イズル

編　　集　折井克比古

水谷勇夫と舞踏
——『蟲びらき』をひらく——

2020 年 8 月 7 日　初版第 1 刷発行

編　者　越後谷卓司　水谷イズル

発行人　山田恭幹

発行所　樹林舎
〒468-0052　名古屋市天白区
井口 1-1504-102
TEL:052-801-3144
FAX:052-801-3148
http://www.jurinsha.com/

発売元　株式会社人間社
〒464-0850　名古屋市千種区
今池 1-6-13 今池スタービル 2F
TEL:052-731-2121
FAX:052-731-2122
e-mail:mhh02073@nifty.com

印刷製本　モリモト印刷株式会社

ISBN 978-4-908627-56-9

ISBN978-4-908627-56-9
C0070 ¥1000E

定価：本体 1000円 ＋税

発行：樹林舎
発売：人間社

9784908627569

1920070010008

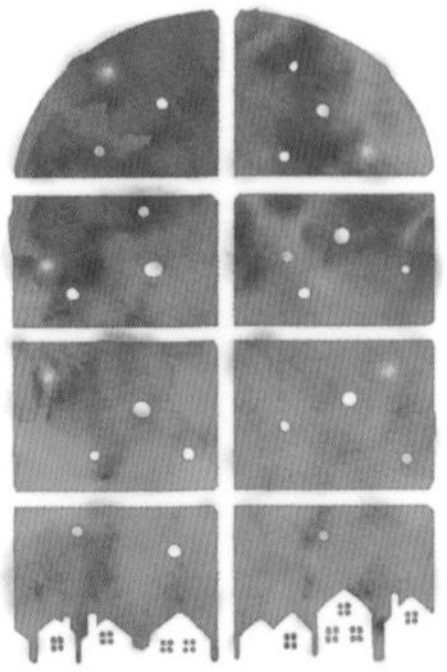

高齢者ケアに活かす 音楽対話

高齢者ケアに活かす音楽対話

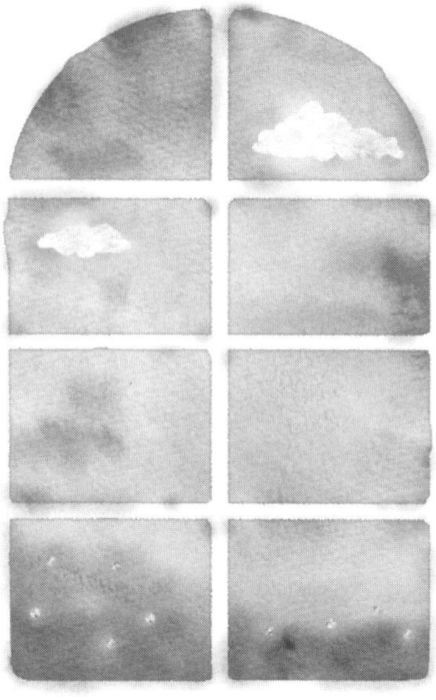

目黒明子 著
Akiko Meguro

歌と語りで
人生を紡いで

クリエイツかもがわ
CREATES KAMOGAWA

はじめに

みなさんは音楽をよく聴きますか？
どんな時に聴きたくなりますか？

音楽があふれる現代社会においては、音楽との出会いや聴き方、好みの音楽のジャンルは多岐にわたりますが、多くの人が音楽そのものに何かを期待し、求めていることは確かです。音楽には、心身の痛みを和らげ、生命に躍動感を与え、さらには心を開放する力があることは、お気づきのことと思います。

保健・医療・福祉の領域では、音楽療法が広く取り入れられるようになりました。対象は新生児から高齢者まで、すべての年代に及び、その目的は治療からケア、生活支援や余暇支援、療育や生涯学習など幅広く、さまざまなスタイルの活動が実践されています。

日本音楽療法学会では、音楽療法の定義を次のように示しています。

音楽療法とは、音楽のもつ生理的、心理的、社会的働きを用いて、心身の障害の回復、機能の維持改善、生活の質の向上、行動の変容などに向けて、音楽を意図的、計画的に使用すること

つまり、対象者への配慮を心がけながら、人々の心身の健やかさが、少しでも向上するように音楽を役立てていこうと試みられているのが音楽療法です。しかし、老年期になると、健やかさの向上をめざすことが難しくなります。まず、加齢現象によって心と身体にさまざまな変化が起こります。また、老年期特有の疾患を抱えることもあります。慢性疾患や心身機能の低下から、生活に不自由が多くなるのが老年期です。その変化や不自由を受けとめて生きることは、とても大変なことです。

実際に、私が高齢者の方々を対象に音楽療法を行ってきた中で感じたことは、苦悩する心を理解せずに、心身機能の回復に焦点を当てたアプローチを実践して

も、成果にはつながらないということでした。まずは、老年期に直面する困難や課題に思い悩む心を知り、寄り添い、その上で、一人ひとりの感性になじむ音楽を用いた交流を持つことが、心身両面の回復をもたらし、より豊かな暮らしの実現へとつながるのではないかと思うようになりました。

私は現在、単科精神科病院の認知症治療病棟に入院している患者さんへのリハビリとして、また、高齢者施設に入居している方々への余暇支援として、歌唱を中心とした集団音楽療法および個別の音楽療法を実践しています。

ここで、私は大切なことを学びました。それは音楽を通して出会った高齢者の方々の、生の声が教えてくれた"老年期の生き方"です。ある90代の男性は、施設に入所した直後に参加された音楽療法プログラムが始まる前に、次のように語られました。

「いろいろありましたけどねー、 まあそれは私の心に秘めとるんです」

そして、体を起こして大好きな"旅の夜風"を熱唱されました。自宅でケアをしてくれていた息子さんに先立たれ入所された方です。いろいろな思いを抱えながらも、歌うことを楽しもうと、そこに気持ちを注ぐ、その姿から年長者の芯の強さを感じました。

そしてもう一人、私に"老年期の生き方"と"老年期の心模様"を教えてくれた女性がいます。別の施設に入所していた90代のその女性は、１時間の音楽療法プログラムのあと、私にこのように語りかけてくれました。

「音楽療法の時間のあとは、いつも感情が動くんですよ」

その女性は、活動中、１曲歌うごとに絶妙なコメントでよく場を和ませてくださいました。日々の暮らしの中では、常に心を穏やかに保ちながら過ごすことを、自身に課していているようにも見受けられました。同じフロアの入居者にはいつも優しく声をかけ、少し不穏傾向にある入居者にも「大丈夫ですよ」と声をかけ、介護職のことも気遣いながら集団生活を送っていました。けれども音楽に触れた時には気持ちが高まり、これまでに経験してきたさまざまな感情が動き出し、歩

んできた人生の主人公としての自己像がよみがえり、内面が満たされていったのではないかと推察しました。

年長者の言葉の重み、語りの豊かさ、実感を伴った言葉は、私の心を大きく動かしました。その後思い返すと、病院や他の施設でも、歌をうたったあとにはその方の内面から湧き出てくるような語りが数多くありました。そして、音楽を提供した私のほうが慰められたり、励まされたりすることがあり、いつもあたたかい気持ちで活動を終えることができました。

このような交流が生まれる背景には、音楽が心身の痛みを和らげ、生命に躍動感を与え、心を開放することに加えて、音楽のもついやしの力が、老年期を生きる高齢者の“情味”を呼び覚まし、“他者への語りかけ”の扉を開いているようにも感じられました。音楽心理学の領域では、音楽に関する語りについて、興味深い研究報告が多くあります。例えばある人が、自分の音楽の好みを語る際に、単なる伝達ではなく、他者との関係において、自分自身を位置づけることができると指摘する研究者もいます[*1]。

これらのことから、苦悩を心に秘めながらうたう歌や、音楽に親しんだあとに語られる感情が動いた時の “言葉” には、模索を続ける老年期の生き方や心模様がにじみ出ているように感じられました。その歌や言葉の意味を解釈し、高齢者ケアに活かしていくことができたら、との思いから“音楽対話”というかかわりを試みるようになりました。ここでは音楽と同じくらい、対話と言葉を大切にしていきます。

この言葉をいち早く受けとめてくれるのは、病院や施設でケアにあたっている職員のみなさんであることが多いです。日ごろから信頼関係が築かれていることも、理由の一つかもしれません。音楽療法の活動後に本音の語りを引き出し、私に教えてくれることもあります。

本書は、ケアに携わるケア従事者のみなさまに向けてまとめました。高齢者の心を音楽と対話で潤し、語りの主人公である対象者と互いに思いを寄せ合い、聴き合い、語り合うことによって、思い出だけではなく、相手の方(対象者)が歩んできた人生や生き方、すなわち人生哲学にも触れ、目に見えないつながりや絆が深まることを心から願っております。

難しい音楽技術は必要ありません。相手の方と音楽でつながりたい、そんな気

持ちから始まり、音楽のいやしの力を分かち合い、息を合わせて歌い合ってみてください。やがて相手の方から歌の合間に語りが生まれます。その語りに耳を傾けてください。乗り越えてきた人生から紡ぎ出される物語は、相手の方の“今”につながっていることを教えてくれます。“今”をともに過ごすケア従事者のみなさまが、音楽対話のかかわりを深め、相互に交流を重ねながら、未来のケアに花を咲かせていっていただけたら幸いです。

本文の中にご登場いただいた方々のお名前は、仮名にさせていただきました。本書にご紹介できなかった方も含めて、出会ったすべての方々が人生の先輩であり、また、音楽対話を通して多くの示唆を与えてくださいました師でもあります。私の心の中では、今もなお対話が続いているように感じられます。改めて、深く感謝いたします。

2021年９月

目黒　明子

＊1　星野悦子（編著）『音楽心理学入門』誠信書房、2015

ケア現場の方に、外にいる方にもお勧めします

日本人が好んできたかたちに通じる「音楽対話」

武蔵野中央病院長
日本文化と音楽療法研究会 代表　牧野英一郎

「日本のお茶の間的な空間を、介護現場で創り出し、手拍子で歌を楽しむ相互交流を深めてほしい」と願って目黒さんはこの本を書いたそうです。雑然としがちな病院や施設ケアの現場を知る医師として、どうしたらお茶の間的になるのかを伺いました。すると、「はじめは『旅の夜風』とか曲名や歌詞を示して、誰かが声を出して読むのを待ちます、浪花節のように語る人もいます」と、最初は「歌う」のではなく、コトバを「語る」ことから始めるそうです。「ピアノやキーボードで伴奏を付けるのはあとです。最初から弾くと構えちゃう方もいるので」とも。音楽療法という言葉で押し切らないのもご配慮なのでしょう。

多くの日本人が、「うた」や「おどり」ではない「音楽」という硬い言葉に接したのは明治以降でした。この漢語は江戸時代までは、お能「竹生島」の「そのとき虚空に音楽聞こえ」のように、神仏や天人との稀なる出会いの際に天から聞こえる、ありがたい、いやありがたすぎて緊張する場面を彩る言葉でした。明治以降ミュージックの訳語に宛てられ、学校教育の科目名となり、上から下へ与えられる性格がさらに強まりました。現在の高齢者でも「音楽」という言葉を拒否したり、ピアノやキーボードにひっかかる人が多いのは、教室で歌わされた声がピアノに合わずに音痴とされた苦しみ（22頁、73頁）からでしょう。しかし目黒さんは、この本に述べた方法で「教室からお茶の間へ」ひらりと飛び越えます。

1975（昭和50）年頃、カラオケが出始めたとき、私のオハコは「すみだ川」と「月の法善寺横丁」という、語りつき歌謡曲でした。歌と語りを交互に演じられる心地よさに陶然としたのでした。のちに医者の分際で東京芸大に入り日本音楽に少々触れ、自分個人の感覚に日本の歴史・文化的根拠があることを知りました。

私たちの祖先にとって歌と語りは別ではなく、連続しており、日本の伝統声楽には、長唄・地歌・端唄のような歌のフシが主の「歌いもの」と、義太夫・浪曲・能楽のような語りの言葉が主の「語りもの」とがありますが、どちらも一方の中

に他方が混じり、歌と語りが交互になっています。古代には交互に歌を掛け合うことから日本人の自己表現の基本である和歌が生まれ、歌と語りが交互に登場する「源氏物語」や「伊勢物語」などの歌物語が生まれました。

目黒さんの前にいる現代の高齢者も、自分の人生をしめくくる歌物語を紡ぐ機会を得られ、遠い昔、この列島を旅しながら歌と物語で人々を支えた聖（ひじり）の前の人たちのような安心感ゆえ、深く根をおろした大樹のような落ち着きを得ているのではないでしょうか。歌と対話・語りの場が文芸や芸能だけでなく、日本人の癒しの原点でもあることを、この本で教えていただきました。

日本人の感性になじむ音楽療法を病院内外で試みている私にとって、目黒さんの活動は目が離せません。治療者として高齢者の「生を支える」を第一に活動してきた結果、目黒さんと高齢者の空間で展開されてきた音楽行動は、音大で習う西洋クラシック音楽とは異なる、日本の伝統音楽の特徴に通じるものが多いのです。音色・声色の重視（16頁、29頁）、歌いながら身体を動かす（57頁）、既存のメロディーに自分の言葉を載せる（58頁）等々。目黒さんが音大で身につけた音楽を一旦棚上げして、目の前の方々の「生」に誠実に向き合った結果、相手の方はお茶の間にいるような本音の自分を表しているのでしょう。

それが昔から多くの日本人が好んできたかたちに通じることは、今後の日本の音楽療法へのヒントとなりましょう。一例として、高齢男性でも鳥の鳴き声の好みにはこだわることを活かした目黒さんのセッションを、手前味噌で恐縮ですが、私の『日本人のための音楽療法（幻冬舎）』68頁のQRコードにスマートホンをかざすと、動画で見ることができます。

介護現場や医療で働くケア従事者の方々こそ、ピアノやキーボードが弾けなくとも、まずは高齢者の「生」を支える人生を選ばれたのですから、目黒さんの方法がぴったりです。高齢者と歌い手拍子を打ち、お茶の間的な本音の語りへの相槌や対話をしていると、音楽（うた）を縦糸に、対話（語り）を横糸に、その方の人生が「歌物語」として紡ぎだされ、大樹のようであることが実感されましょう。そのような時、樹の梢は空の太陽に向かい、もっと上を指しているかもしれません。ケア現場の方にも、外にいらっしゃる方にも、ご一読をお勧めするゆえんです。

2021年９月

牧野英一郎（まきの・えいいちろう）：1951年群馬県生まれ。慶応義塾大学医学部卒。医療法人社団総合会理事長・武蔵野中央病院院長。精神保健指定医、精神科専門医・指導医、介護支援専門員。東京芸術大学音楽学部卒。同大学院修了（音楽学）、日本音楽療法学会認定音楽療法士。

CONTENTS

第1章

音楽対話のすすめ

1

ともに歌いともに語り、音楽のいやしの力を分かちあう

私たちの暮らしの中には、音や音楽があふれています。人それぞれに懐かしい音や思い出の曲、夢中になった音楽があり、それらを思い浮かべた時、音楽は今を生きる私たちを勇気づけ励まし、時に慰めてくれます。

ところが高齢になると、そのように慣れ親しんだ音楽を、自ら選んで聴く機会が減っていきます。けれども心の中では若い時と同じように音楽を捉え、共鳴や感動が再生されているように思えます。つらく心が沈んだ時に聴いて立ち上がれた音楽や、気分が前向きになれる音楽、ストレスに押しつぶされそうになった時に心が和んだ自然の営みの中の音、多くの方が、心の中に大切な音楽や音を秘めています。私が病院の病棟や施設の中を歩いていると

「お～今日は歌の日かい？」
「いつもご苦労さんだね」

と患者さんや入居者の方に、気さくに声をかけていただくことがあります。

音楽療法は、療法としてのねらいを伴った活動です。しかしみなさんにとっては、非日常的なお楽しみの時間として受け入れていただいています。それで十分なのです。そこから始まるのですから。そして、歌を一曲うたうと

「この曲はね……」
「これが流行ったころ、俺はよー……」
「お母さんが、いつも歌をうたいながらハタキをかけてましたよ」

など生活の場面が語られます。時には歌い終わったと同時に涙を流される方もいらっしゃいました。

「私が一番つらかった時のことを思い出しちゃった」

「昔は元気にこの歌を聴いていたのに、何で今こんなになっちゃったんだろう」

という切ない語りも聞かれました。20名ほどの集団歌唱のスタイルで行うときは、その場ではみなさん穏やかに座って、こちらが用意した歌を順に歌い、手拍子をされるなど楽しんで参加してくださいます。しかし、終えてから個別に話しかけると、自身の体験や思い出が語られることがよくあります。活動中ではなく、終えてから1対1で対話をしている時にあふれ出るこの語りを受けとめ、相互に、あるいはケア従事者をも巻き込んで分かち合うことは、ケアの力を高めることにもつながるのではないかと次第に感じるようになりました。

老年期になると、少しずつみなさん無口になってしまいます。施設などの集団生活では、まわりの人に迷惑をかけないようにと気遣いながら生活されています。また、喜怒哀楽の感情を言葉に表す機会も減ります。しかし、心の奥底にため込んでしまうと、生活機能にも影響が出てしまうことがあるかもしれません。

音楽が、心に秘めた感情を語る手助けになり、対話によって孤独感を和らげることができたら、との願いを込めて始めた音楽対話。二人で並んで座り、歌詞を見ながら一緒に歌をうたったり、キーボードを弾いたりしているうちに、相手の方の人柄、人生哲学に触れることが多くありました。

「この歌にはね……」

「この歌が流行ったころの日本はね」

など、ご自身の解釈や記憶を丁寧に言葉にしてくださいます。また、認知症の診断を受けている方も、生き方、他者とのかかわり方など、実に深く考えて生きておられることがわかりました。そして、あとを生きる私たちに懸命に伝えようとしてくださいます。

私はこの語りが、音楽対話の相手の方の人生を映し出す鏡のように感じられることがあります。そして、そこには大切にしている歌や楽曲も映し出されます。いわゆる人生の応援歌、パーソナルソングです。音楽対話では、このパーソナル

ソングに出会った時に、互いの心の距離が一気に縮まることがよくあります。

集団音楽療法プログラムでは、ピアノやギターの伴奏で、みなさんの歌唱をサポートしますが、音楽対話では、ともに歌い、ともに奏で、語り合うことに意味があります。“サンハイ”の合図で歌いだすのではなく、相手の方の口元から聴き取れる、鼻歌のようなメロディから始まるのです。心を開いてくださった時に、ふと口ずさむそのメロディは、相手の方のその時の気分や純粋な思いを私たちに伝えてくれているように思えます。

歩んできた人生、大切にしてきた人、乗り越えてきた困難や生き抜いてきた誇り、そして、今大切にしていること、大切だと思うこと、などです。過去を振り返り“今”そして“未来”を語り合う空間がケアの場にあるということが、ともに歩むケアをより充実したものにしてくれると信じています。

2

高齢者にとって
音、言葉、音楽とは

高齢者に限らず、私たちは暮らしの中で、さまざまな音や音楽に囲まれて生活しています。自然に身を置いた時に聴こえてくる音、生き物の声、テレビやラジオから流れてくる音楽、コンサートホールやライブハウスに足を運んで聴く音楽、自ら奏でる楽器の音などです。また音楽のジャンルも幅広く、心に響く音楽との出会いはさまざまです。

今を生きる高齢者の多くは、学校の教室で先生が弾くオルガンの伴奏に合わせて歌を習い、10代になるとラジオやレコードで音楽を鑑賞したり、コンサートやライブに足を運んだり、楽器に触れたりされていたようです。そのような中で、心の支えとなる人生の応援歌やパーソナルソングにつながるような音楽に出会い、次第に深く印象に残る曲になっていったことが推察されます。

音楽対話で相手の方と音楽について話す時には、まず、10代のころにどのよう

な音楽を聴いていたかお尋ねすることがあります。また、音楽だけではなく、自宅の周辺で聴こえた懐かしい音についてもお尋ねします。

「近くに踏切があって、決まった時間に鳴っていた」
「カエルの鳴き声は、種類によって違うんだよね」

と熱く語りながら鳴きまねを披露して、音色を伝えてくださる方もおられました。虫や鳥の鳴き声についても、その種類に関する知識はみなさんとても詳しくて、対話が白熱することもしばしばです。音色の話をしているうちに、その光景が目に浮かび、幼少期の思い出が鮮やかによみがえるのでしょうか。音風景（サウンドスケープ）、これも音楽対話の素材の一つとなります。

次に具体的な音楽の分類例を表（次ページ）に示します。

戦後の娯楽文化の繁栄とともに、音楽の楽しみ方も多様化しました。ダンスホールに毎日通った、という方もいらっしゃれば、お好きなオペラのことを熱く語る方もいらっしゃいます。私は、みなさんがどのような時に歌って、どのような時に音楽を聴いていて、その音楽にどのような思いを抱いていたのかを、対話の中で尋ねます。

ある男性は、ダンスホールで女性に声をかける時のドキドキ感や、戦後、軍人だった父親に気づかれないように、レコードの音を小さくして聴いた洋楽の話をしてくださいました。また、歌の最後に独特の付け足し言葉を加えるのが得意な、生粋の江戸っ子の女性もいらっしゃいました。

表）音楽の分類例

音・言葉・音楽

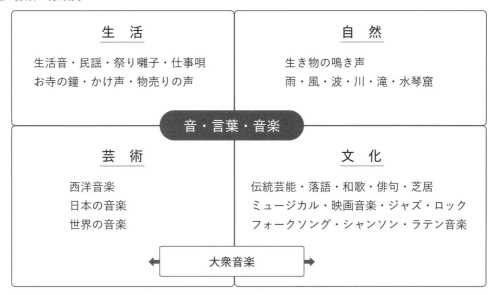

生　活	自　然
生活音・民謡・祭り囃子・仕事唄 お寺の鐘・かけ声・物売りの声	生き物の鳴き声 雨・風・波・川・滝・水琴窟
芸　術	**文　化**
西洋音楽 日本の音楽 世界の音楽	伝統芸能・落語・和歌・俳句・芝居 ミュージカル・映画音楽・ジャズ・ロック フォークソング・シャンソン・ラテン音楽

←大衆音楽→

出身地のお祭りのお囃子やかけ声も懐かしいようで、身振り手振りを交えて話され、毎日の暮らしの中で、音や言葉、音楽を心ゆくまで楽しまれていた様子が伝わってきました。このように、高齢者のみなさんは、音楽を生活場面に応じて境界なく楽しまれていたことが、体験談からわかりました。

3
音楽のもついやしの力

私たちは、日常のさまざまな場面で、音楽の力を感じることがあります。医師であり、日本音楽療法学会設立当初より理事長を務めておられた日野原重明先生は、ご自身の経験から、音楽のもついやしの力を次のように示されました。

音楽の精神・身体に与える効果

①鎮静
②睡眠
③緊張緩和
④抗うつ効果
⑤放心効果
⑥士気高揚
⑦怒りの発散
⑧不安解消
⑨心の慰安・平安
⑩鎮痛

これは、日野原先生が100歳になられた年の、日本音楽療法学会での講演の時の内容です。敬虔なクリスチャンでもあった先生は、結核で闘病、大学を休学していた１年間は、賛美歌によって慰められ、勇気づけられたと語っていました。105歳で天に召されるまで、音楽のいやしの力を感じ続けておられたのではないでしょうか。

もう一人、音楽の力について語ってくださった方をご紹介します。

デイサービスに通われていた90代後半の男性、浜田さんが、ある日の音楽療法プログラムが終わったあと、ご自身が横になっていたベッドに私を呼び寄せて、このような言葉をかけてくださいました。

「私たちは、ついつい、ただ生きているという感じに陥りがち、
でも、音楽療法のあとには生きようという力が湧く。
昔のころを思い出し、いろいろ乗り越えてきた力を思い出す。
音楽によって若返り、奮い立たされる。
そして、生きてきた意味を考え、それが明日への意欲につながる。
すべて克服するのは自分なのです」

浜田さんは、デイサービスでは昼食をとったあと、部屋の後方のベッドに横になることを習慣にしていました。月２回、午後のプログラムとして始まる音楽療法の時には、いつも横になっていましたが、実はよく音楽が聴こえていたようです。このコメントをくださった時は、デイサービスを利用されるようになってから２年ほど経過していました。

毎回、横になりながら聴こえていた音楽が、ご自身の人生を肯定することにつながったのだと感じました。午睡を妨げないようにと気遣いながら毎回進行していましたが、思いがけないコメントに、私も勇気づけられました。

一方、同じデイサービスに通われていた女性、相田さんは、音楽療法が始まる前に、私から

ご一緒に歌いませんか

と誘った時に

「あのね　はしゃぎたい時もあれば、そうじゃない時もあるんだよ」

と言ってお断りになりました。音楽が万能ではないことを痛感しました。

音楽が心の傷に沁み込んで、苦しみを強めてしまうこともあります。私たちには、常に、相手の方の心情をくみ取りながら寄り添う力が求められます。高齢者の方々の心理を理解し、音楽が助けになるようなかかわりが大切だといつも感じています。

音楽が救いになることもあれば、生きる意欲を取り戻すきっかけにもなることを教えられたと同時に、音楽を提供するのにふさわしい時と場があることも、教えていただきました。

4

対話がもつ力

雑談力という言葉が日常でも聞かれるようになりました。職場や家庭、仲間との気軽な会話の機能を指すものだと思われますが、会話の流れによっては、そこから新たなアイデアが生まれたり、心のわだかまりが解消されたり、その効果は近年注目されつつあります。

遠くフィンランドでは、治療の場に対話を取り入れたことにより、患者さんの回復に効果があったことを示す報告が数多くされており、日本の精神科医療でも注目されています。オープンダイアローグと呼ばれるもので、統合失調症の患者さんとの対話から始まりました。

患者さんの依頼に応じて、治療・支援者がチームで患者さんとの対話に参加します。そこは守られた場であり、開かれた場であることが重要で、そこで発せられる患者さんの「病的体験」にかかわる語りを受けとめ理解し、その後の治療・支援に活かしていきます。

１対１の対話ではないことと、より専門的な分析を伴うので、日常のケアの中

で応用することは難しいのですが、考え方には大きく共感を覚えました。精神科医の斎藤環氏は、「オープンダイアローグは“変化（改善）”を意図してなされるわけではない。よい対話の持続が、あたかも副産物のようにして改善や治癒をもたらすというイメージである」[*]と解説されています。

音楽対話でもこの副産物を享受する体験が多くありました。

＊斎藤環『オープンダイアローグがひらく精神医療』日本評論社、2019

第2章

音楽対話の実際

ケアを受けている高齢者の方と対話を始めて、すぐに好きな音楽の話題になることは、まずありません。

好きな音楽は何ですか？
好きな歌手は誰ですか？
若いころ、どんな音楽を聴いていましたか？

このように質問攻めにしてしまうと、会話は途絶えます。施設で暮らす高齢者の中には、質問疲れを起こしている方もおられます。介護サービスを利用する時の調査を思い出していただくとおわかりいただけるでしょうか。ある施設で、入所されたばかりの女性に、音楽療法が始まる前に挨拶をして

お生まれはどちらですか？

と尋ねた時に

「あたしゃ、もう自分のことは話したくないんだ！」

とお叱りを受けたことがありました。故郷の歌を紹介できたらと軽い気持ちでお尋ねしたのですが、施設に入所するまでに、きっといろいろなところで認定調査等のために質問をされ、疲れてしまったのだと思います。

対話を実りあるものにするためには、私たちが相手の方の懐に入り、思い出の音楽について語り合える存在だということを、認めてもらわなければなりません。時間をかけて、その時を待つことが大切です。その懐ですが、これを音楽の懐と置き換えた時に、高齢者の方々は、一人ひとり異なった音楽を胸にあたためておられます。音楽対話の実践にあたり、ここで、この音楽について少し考えてみたいと思います。

そもそも“音楽”という言葉の響きに、相手の方がどのようなイメージを持たれているかを理解しておくことは、とても重要です。“音楽”と聴いただけで、「俺には縁がない！」「音痴だから歌いたくない」中には「お前は人前では歌をうたう

なと言われた」などと、苦い体験を話される方もおられます。このような体験を考慮したアプローチがここでは求められます。

楽器や歌唱を専門的に学んだ経験のある人は、流れてくる音楽から拍子や調性、リズムを感じとり、五線譜を連想することができます。しかし、そうではない方々にとって、音楽は別の形で届きます。「音楽は地層の断面のようだ」とおっしゃった方がいます。「地層に模様があるように、音楽によっていろんな地層が目に浮かんでくる」と教えてもらった時には、大変驚きました。しかし、これは当然のことです。そして、この模様にみなさんは心を動かされているのです。

私たちは音楽愛好家だけではなく、すべての人々と音楽の話題で交流することをめざしています。この感覚を私も持たなければ、音楽対話は成り立たないと、この時、強く自覚しました。

以上のことを念頭におきながら、より良いケアにつなげるための“音楽対話の引き出し”をご紹介したいと思います。

1
音楽対話が広がり深まる楽曲
～歌は世につれ、世は歌につれ～

❶ 10代の頃に聴いた音楽

日本におけるホスピスの導入に寄与し『死を抱きしめる──ミニ・ホスピス八年の歩み』（人間と歴史社、1985年）の著者である鈴木壮一医師が、「10代のころに聴いた曲というのは一生心に残ります。何か魂と結びつくような感覚がありますね。音楽療法で出会う人々に聞いてみてください。メロディとスピリチュアルですよ」と語ってくださったことがありました。

鈴木医師は、1977年にイギリスの聖クリストファー・ホスピスを訪問した医師団の中の一人で、その後、日本に初めてのホスピスが設立されるまで、その必要

性を伝え続け、ご自身の医院をミニ・ホスピスとして開放し、在宅ケアを実践されていました。訪問診療と両立させながら、患者さんのための在宅での看取りに寄り添ってこられた鈴木医師は、患者さんが大切にしているものの中に音楽があり、そこに触れる時の音楽療法士の心得を、先生の言葉で、教えてくださいました。

「何か魂と結びつくような感覚……」

このひと言が、私が対話を尊重しながら音楽について語り合う、音楽対話というスタイルを考えるきっかけになりました。その後、10代のころに聴いた音楽というのが、多くの高齢者の方にとって、特別なものであることが少しずつわかってきました。

そこでまず、実際に対話を始める時には、相手の方の生まれた年をあらかじめ把握しておいて、その方が10代のころに流行っていた曲を紹介してみてください。その歌の初めの部分だけ何とか覚えておいて、歌ってみるのです。すると、さまざまな対話が生まれていくと思います。

「あー知ってる」

と言って続きを歌われたり

「いやー聴いたことないなー」

というお返事があったりします。このような時は

音楽はあまり聴きませんでしたか？

など対話をつなげることができます。音楽ではなく、落語や講談をラジオで聴いていたという返答もよくあります。もし、音楽に興味を示されたならば、次第にご自身が感銘を受けた曲や、いつも思い返して口ずさむ歌、志を立てて進路を決めた時の思い出話などをしてくださいます。

❷ 季節を感じる歌詞が含まれている曲

季節を感じる歌詞が含まれている曲が、日本にはたくさんあります。文化庁が推奨する“日本の歌100選”にも多く含まれています。田植えの季節には“夏は来ぬ”、紅葉の季節には“紅葉”、落ち葉が道端を覆う季節には“たきび”などの歌は、対話を始めるきっかけに活用できる歌です。

これらの歌は、相手の方がすぐに歌をうたう気分になられていない時には、歌詞を見ていきなり歌うよりも、まずは、歌詞の音読から始めることをおすすめします。すると、相手の方から自然にメロディの記憶がよみがえり、2回目は音読ではなく、自発的に歌われることがあります。私たちが歌を知らなくても、歌詞を見ればメロディが浮かんでくるようなので、対話がスムーズに始まります。

❸ 昭和の流行歌やヒット曲

戦後のテレビの普及とともに、歌は劇場だけではなくお茶の間でも楽しめるようになりました。家族が1台のテレビを囲んで夜の団欒を楽しんでいた高齢者のみなさんは、ご本人の好みにかかわらず、家族の影響でヒット曲に親しんでいます。

大衆に受け入れられたヒット曲を取り上げることは、その時代を語るキーワードが浮かんでくるきっかけにもなります。中には、当時の流行語を思い出す人もいます。これらも、季節の歌と同様に、歌詞を音読しているうちに、メロディを思い出されますので、いろいろ試みてください。

❹ 物語性や話題性のある曲

対話を重ねていると、お芝居や映画、時代劇などの話題に広がることがあります。映画“男はつらいよ”“無法松の一生”“旅姿3人男”“王将”などの主題歌は、物語の主人公の生き方に共感しながら聴いていた方も多いようです。

また、時代の流行なども印象に残っていることが多くあるようです。“東京のバスガール”の歌では、バスに乗るときに女性の車掌さんがいたことや、切符を買ったこと、車掌さんの制服などの話題が広がります。“すみれの花咲く頃”の歌では、

宝塚に憧れた女性のお話が花開きます。

❺ ご当地ソング

“東京音頭”や“花笠音頭”などのように、今では盆踊りで定番の民謡も、もともとは地域の活性化を期待して作られたり、アレンジされて広まった楽曲です。高齢者の方々は、幼いころより親しんでいることが多く、出身地の民謡は好まれます。

また、県独自の歌も多くあります。長野県出身の方は“信濃の国”、新潟県出身の方は“十日町小唄”、横浜市出身の方は“横浜市歌”をスラスラと歌われて、驚いたことがあります。

これらの歌をうたったあとは、お国自慢に花が咲きます。風土、気候、食べ物、私たちが知らない豊かな生活文化のお話を、子どもや孫に聞かせるように話してくださいます。

❻ 相手の方が愛好していた曲

対話を重ねているうちに、実は映画が好きだとか、ジャズをよく聴いていたとか、クラシックをよく聴いていたというように、ジャンルが絞り込まれていくことがあります。そのような場合は、レコードやCDの名盤などの話題から演奏家の話題へと発展していきます。

例えば、クラシックですと指揮者やオーケストラの特徴、ジャズですと演奏スタイルの特徴など、ご本人のこだわりが語られます。まさに、対話を熱くさせるテーマです。もし音源が手に入れば一緒に鑑賞することもおすすめします。

❼ 相手の方の鼻歌

グループホームの廊下を歩く80代女性。杖を突きながらゆっくりトイレに向かう女性の口元から聴こえてくる鼻歌、私はその曲名がわからず、後ろを歩きながら聴こえてくるメロディをメモ帳に書きとっていると、他の入居者が

「ああ、それ美空ひばりの“花笠道中”よ」

と教えてくれました。歩くテンポと曲のテンポが一致して浮かんできたのでしょうか。とても楽しそうにトイレに向かわれました。このように無意識にふと浮かんでくるメロディがあるようです。

何かをしながら歌をうたい始める人は、ケアの現場では本当によく見かけます。とても陽気にみなさん歌われます。ただし、歌詞よりも先にメロディが浮かんでくるようです。また一定のリズムも歌を思い出すきっかけになるようです。

グループホーム入居者の中には、職員さんがキッチンで食事の支度をしている時に、ダイニングテーブルの椅子に座りながら、野菜を刻むまな板の音に合わせて歌い始める人もいます。そんな時

今うたっていた歌は何という歌ですか？

と伺うと

「親戚が集まるとよくうたっていた歌だから、わからない」

とか

「母がよく歌ってました」

とおっしゃる方がいます。それだけ、音楽は暮らしの中にあったのだと思います。学校の音楽室で習った歌だけが音楽ではないことを教えてくれるエピソードです。相手の方が日常生活の中で、無意識に歌っている暮らしの中で聴こえてくる鼻歌にも、ぜひ耳を傾けてみてください。

❽『ドレミ暗唱ブック』

『ドレミ暗唱ブック』は、私が高齢者の方々との歌唱活動の時に活用している歌集です。一般の歌集と違うところは、歌詞に並んでそのメロディの階名（ドレミ）をカタカナで記載している点です。“ふるさと”や“たきび”“見上げてごらん夜の星を”など、多くの人が馴れ親しんできた歌をまず歌詞で歌い、続けてそのメロディを階名で歌うことをおすすめしています。

高齢者のみなさんは“ふるさと”など、歌詞で歌ったあと、メロディを階名に置き換えて、♪ドドド　レーミレ　ミミファ　ソーと最後まで容易に歌われます。これはメロディの記憶に新しい情報である階名を重ねて歌う活動で、毎日繰り返し歌っていると、階名の部分も暗唱できるようになります。

認知症が進行した方でも、メロディの記憶が支えになり、毎日歌っているうちに階名を１曲暗唱されることがあります。歌唱の楽しみと、新しいことを覚える楽しみを、ダブルで感じていただくことを目的に作成した歌集なのですが、これも音楽対話のきっかけ作りには有効だと考えます。

また歌をうたうことは、高齢者の方が発症しやすい誤嚥性肺炎の予防にも効果が期待されています。飲み込む力が弱くなることも原因の一つと言われています。歌うことは嚥下機能の働きを高めることにもつながる可能性があり、その関連性については、別冊『ドレミ暗唱ブック』の第２部に「高齢期のヘルスプロモーションの一助としての歌唱活動」と題して記述しましたので、ご参照ください。

忙しいケア従事者の方々にとって、一緒にうたう歌を選曲するだけでも大変な労力がかかります。『ドレミ暗唱ブック』には童謡・唱歌・流行歌から20曲を掲載しました。相手の方とともに歌ったあとで溢れる言葉に触れながら、音楽対話の糸口を見出していただけたらと思います。

2

対話が弾む小道具
〜記憶をたどる助けになるもの〜

小道具や音具（ウグイス笛等）、懐かしい写真や、生活の場面が思い浮かんでくるような擬音を対話の中に織り交ぜながら展開していくと、意外な語りを引き出すことができます。季節感を表す音具では、夏は風鈴やカエル型のギロという木製の小物楽器があります。背中の部分を棒でこすると、ケロケロッと本物のカエルのような鳴き声を出すことができます。秋は鈴の音などが好評です。目を閉じて鈴の音を聴くと、鈴虫が鳴いている様子を思い浮かべることができます。また写真では、映画スターのプロマイド写真、映画のポスターの写真も喜ばれます。懐かしい音の回想としては、

拍子木を叩くと

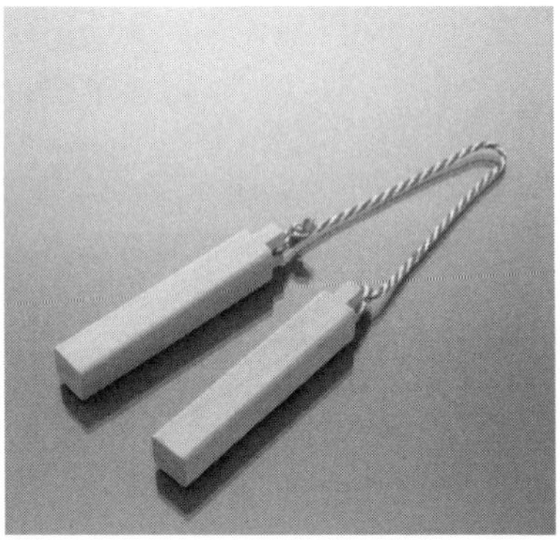

「紙芝居が始まるときの音だ」

とか、小さな太鼓を叩くと

「あっ、落語が始まるときの音だね」

とか

夏になると、ジャリジャリッていう音を聞きながら食べる冷たい食べ物がありましたね

と問いかけると

「かき氷だな、あれはガリガリだよ、カンナをひっくり返して氷削んのよ」

など具体的な体験談が語られます。
また、牛の鳴き声がする音具を聴いてもらった時には

「俺んち、むかし山羊飼ってたよ」

とか

「家の奥に馬がいたな」

など、動物や住んでいた家の間取り、風景などが、丸ごと目の前に飛び出してきたようなお話をしてくださる方がいます。中には山羊や猫の鳴きまねまでしてくださる方がいて、部屋の中が賑やかになります。

また、相手の方が好きだった音楽ジャンルにちなんだ写真や季節の花木、お祭りの写真なども喜ばれます。桜の花の写真を見れば、♪さーくーら〜と歌いたくなりますし、紅葉した山々の写真を見れば、♪あーきのゆうひーに〜と歌いたくなります。歌の節が浮かんだ時にすぐに歌えることに、大きな満足感はあるのだと思います。

ひと昔前に走っていたボンネットバスの写真を見てもらうと、エンジンの音の特徴を話される男性もいました。音の思い出、実はこのテーマだけでも、充分に対話は盛り上がります。

3

対話のテンポ
～語りの第一声を待つ～

高齢者の方との対話は、ゆっくり進めることが肝要です。すぐに言葉が返ってこないと、こちらが不安になってしまうことがありますが、ゆっくり話しかけることはもちろんですが、相手の方が、こちらが投げた言葉のボールを、どのようにキャッチしているかを推しはかることも大切です。

老年期のみなさんの思考は緩やかに広がるようです。たとえ認知症の診断を受けている人であっても、理解ができていないなどと、決めつけることは慎まなければなりません。脳で理解し、自分の言葉に置き換えるまでに、少し時間が必要なこともあります。思考のスピードが緩やかであることを踏まえて、ゆっくりと伝えることが重要です。

また、あまり複雑で長い文脈の質問をすると、脳を疲れさせてしまうようです。シンプルな言葉で語りかけ、沈黙を恐れずに待つ。待てば待つほど驚くような珠玉の言葉が飛び出します。

4

音楽対話の素材
～歌や音楽だけではなく、詩や俳句の音読も良い～

詩や俳句には言葉にリズムがあります。一度読みだすとスラスラと言葉が続いて出ることがあります。詩を一緒に音読したり、創作しても良いかもしれません。90歳になってから詩を書き始め、詩集を出版した柴田トヨさんの詩も心が揺さぶられます。また、季節の言葉を並べて、ラップ調に楽しむこともおすすめします。ただし、テンポはゆっくり進めます。私はこれを“のんびりラップ”と名づけています。

例）8月の言葉ラップ

八月　葉月　山の風
　　　朝顔　ひまわり　さるすべり
桃　梨　すいか　かき氷
　　　花笠音頭に　阿波踊り
みんなが集まる　盆踊り
　　　鉄板　焼きそば　バーベキュー
とうもろこしの香ばしさ
　　　ひぐらし鳴いてる盆の月

5

音楽対話の技術
～対人援助のスキルを音楽対話に活かす～

❶ 相手の方（対象者）の語りに耳を傾ける

支援の領域では、1.医学的治療、2.福祉的支援、3.心理療法・精神療法、4.実存的支援、の4段階の中から、その時の対象者支援として優先されるべき事柄が選択されます。音楽対話は、4つ目の実存的支援の立場から提唱しています。実存的支援とは、具体的には共感連帯的支援とも解説されています[*1]。支援する人、される人という関係ではなく、お互いを大切な存在として認め合える関係を築くための支援であると、私は理解しています。音楽対話の場面では、共感的な態度や言葉で語りを受けとめることによって、相手の方の不安が和らぎ、対話への意欲が増し、記憶の扉が開かれていくことがあります。

対話の時に重要な“耳を傾ける”ことは、簡単なようでいて支援者には一番難しいことです。支援者が返す不用意な言葉が、語りの扉を閉ざしてしまうこともあります。相手の方は、私たちのために一生懸命大切なキーワードを思い出そうとして、うつむいていることもあります。しかし、じっくりと待っていると、その後、ことばが溢れ出し、思い出せたことにご自身が一番感動されます。その瞬間を共有できた時、支援者としての喜びも同時に感じることができます。

実存という言葉は“現実存在”という言葉の真ん中の2文字をとった言葉だそうです[1)]。老年期の現実存在の中には、喜びもあり、切なさもあります。その中で生きる相手の方の声に、ゆっくりと耳を傾けていきたいものです。

❷ カウンセリングの技法に学ぶ

心理療法やカウンセリングは、資格をもった専門家が行う治療です。一方、本書で紹介している音楽対話は、先に述べたように共感連帯的支援の領域に属する

と考えており、治療や回復をゴールにはしていません。しかしながら、音楽と対話を扱う支援であるだけに、カウンセリングの技法から学ぶことは多くあります。

カウンセリングでは、無条件にあるがままの相手を尊重し、対象者にプラスの気持ちを抱くことが大事だとされています。そして、対象者に対して幅広い共感を示す共感的理解は、表面的なものではなく、深い本質的な意味をくみ取ることが必要であると専門家は指摘しています[*2]。時には、悲嘆感情が言葉として溢れてくることもあります。大事なことは、そこで必要以上に励ましたり正論を述べたりしないことです。特に老年期の苦悩は、その時代を経験した者にしかわからない奥深さがあります。その場しのぎの言葉はかえって傷つけてしまうことがあります。静かにとなりにいるだけでも相手の方の心が安らぐこともあるでしょう。

音楽を用いた対話の良い点は、気持ちが少し落ち着いたころを見計らって、その時の心情に近い曲、または全く異なる曲などを支援者が選曲し、「もう1曲、一緒に歌いませんか」と誘い、ふさぎ込んだ気持ちを少し和らげることができます。この時の高齢者の方々の適応力は、さすがに長年生きてこられた方々だなと頭が下がることがあります。

あるがままの相手を受容する私たちの姿勢が伝わった時に、初めてこの技法が通用することを忘れてはなりません。私たちが対象者の“個”を尊重し、対象者の“生”を尊厳のまなざしをもって見つめる視点をもつことが大切だと思います。

❸ 対話に溶けこむ伴奏あるいは無伴奏

何か楽器ができる人は、それを活用して歌をサポートしていくことが良いと思います。ただ、楽器がなくても歌はうたえます。ひと昔前、親戚が集まった夜にお酒が進んで出る歌は、たいてい手拍子の促しや「いよっ！」というかけ声から始まりました。また、昨今の高齢者の人々は、カラオケを楽しんできた世代でもありますが、イントロを口三味線で流せば、歌は出てきます。有名な“青い山脈”のイントロは、多くの高齢者の人々も口三味線ができるほどです。

大切なのは、対話の相手の方が“歌いたくなる”ような働きかけです。人前で歌を披露することは、とても勇気のいることです。ほとんどの人はためらいます。それでも歌いたくなった時に、そーっとメロディが聴こえてきます。その声を

キャッチして、相手の方の邪魔にならないように自身の声を重ね、時には歌をリードしたり引っ込めたりの加減をする、これこそが、音楽対話に求められる技能であると確信しています。相手の方の音程が正確であるとは限りません。しかし、歌いたいという気持ちをキープしてもらうことが重要なのです。

また、ピアノでプロ並みの伴奏をしても、歌が始まるとみなさん自分の世界に入り、意外に伴奏楽器の音は聴こえていないのではないか、というのが私のこれまでの経験で得た印象です。要は、自分の世界に入って楽しんでもらうことこそが、ご本人にとっての心地よさにつながるのです。

❹ 息を合わせる

相手の方から歌声を引き出せたら、自身の声を重ねてともに歌います。あるいは、こちらが先に歌い、あとから相手の方の歌声が聴こえてくることもあります。この時に大切なのは、相手の方と息を合わせるということです。相手の方が吐く息、吸う息に合わせて歌いましょう。肺活量や声量には個人差があります。相手の方が心地よく歌うことができ、私たちの声が邪魔にならず、ほどよく歌をリードすることが大事です。

相手の方のとなりで、一緒に鼻歌を歌うくらいの感じがちょうど良いと感じる経験をたくさんしてきました。ただし、聴力が低下されている方の場合は、こちらも声が届くような歌い方の工夫が求められます。この時に、あまり張り切りすぎると、「聴こえていますよ」と言われてしまうこともあります。ほどよいボリュームをその場で選択、加減することが大切です。

6

質問攻めにしない
～相手の方に聞き役に回ってもらう～

１曲いかがですか？

これはギターの流しのプロがお客さんにかける言葉です。音楽対話では相手の方に寄り添い、リクエストをもらう前に、まず、こちらから一曲歌ってみることも、対話を生みだすことにつながります。ただ、私たちにはプロのような演奏の腕前はありません。でも大丈夫

１曲歌ってもいいですか？

ここから始めることもできます。よほど気分が優れないときを除いて、

「やだ」

とおっしゃる方はいないと思います。声だけでいいのです。歌い終わった時に、きっとそこから何かが始まります。チャレンジしてみてください。いろいろ尋ねられ、返答することに疲れている高齢者に、聞き役に回ってもらうことも大事です。歌い終えると、必ず何かを返してくださいます。相手の懐にすーっと入っていく技術は、ケア従事者の方々は長けていると私は感じています。

7

音楽対話は相手の方の人間力、人間性を映し出す鏡

～音楽と対話によって、一人ひとりの内面が映し出されてゆく～

ある歌を聴いたり、歌うことによって、曲への共感や洞察が語られた時の言葉の中に、相手の方ご自身が、これまでどのように生きてきたのか、これからどのように生きていきたいのか、その思いを知るヒントがあるように感じます。

音楽によって～
　　思い出が語られ、幼少期の風景が浮かんでくることがあります
音楽によって～
　　心情が語られ、心の葛藤、悩み、不安が表面化してくることがあります
音楽によって～
　　人生を振り返り、その方の考え方、生き方に触れることがあります
音楽によって～
　　親愛の情がよみがえり、友情、恋愛、感謝、思慕、大切な人への思いに触れることがあります
音楽によって～
　　情熱を傾けてきたことが語られ、仕事や家庭の中で、大事にしてきたことなどに思いを寄せることできます
音楽によって～
　　知恵と創造力があふれ出し、今を生きる世代に知見を語り、学ばせてくれることがあります

このように音楽対話の場面は、相手の方の胸に秘められた、さまざまな思いが語られる可能性のある場の一つです。とにかく傾聴に努め、受けとめてください。

幼少期の思い出や、歌の歌詞にご自身の体験を重ねて、迷いながら歩んだ人生を振り返り、さまざまな心情を吐露される方もいらっしゃいます。そして今、自分はこう思う、みんなもこうしたらいいと思うなど、哲学的な語りを聞かせてくださる方もいます。グループホームで暮らす女性、岩村さんは、“銀座の恋の物語”を歌ったあとで

「なんだか、恋の歌をうたうと変な気分になるわね、
なにか今まで眠っていたものがさあ……」

ととなりに座る入居者に話していました。岩村さんは、童謡などの曲を好んで歌う方でした。それだけに、歌唱直後の率直な感想が聞こえてきた時には驚きました。眠っていたものが湧き上がってくる、音楽の力を感じました。

また、“星影のワルツ”を歌ったあとに涙を流され、これまでに経験した別れの場面やいきさつを思い出し、語られる方もいらっしゃいます。高齢者の方々は、私たちに答えは求めてはいません。ただ、わかってほしい、知っていてほしいという思いは、みなさんがお持ちです。

そうだったんですか
それは、いい思い出ですね
それは、おつらかったですね
恋をすることは、素敵なことですね

など言葉で寄り添うことがとても大切であるように思います。答えはご自身の中にあります。語ることで、自らの心を整えることができるところが、高齢者の素晴らしいところです。時間薬という言葉がありますが、その効能を一番ご存知であるように思います。

また、知恵と創造力が開花するのが老年期、氷川きよしの“きよしのズンドコ節”を歌ったあとで、歌詞の中にある

ちょっと目くばせってありますけれども、目くばせって何ですか？

とあえて尋ねてみた時、ある男性が

「それはね、心と身体の動作がひとつになることでしょう」

とおっしゃいました。あまりにも素敵な表現に心があたたかくなりました。

8

無口な人との会話のきっかけ
～安心感を届け、心の扉の鍵を開けてもらう配慮～

無口な人は、どうしても会話量が減って、口腔機能の維持にも影響が出てしまいます。しかし、無理に話を引き出そうとすると、心理的な負担をかけてしまいます。そこで、思わず口から出てしまう言葉を期待して、話しかけてみるのも良いと思います。ヒットした曲の題名というものは、多くの人が記憶しています。例えば、歌の題名クイズをしますね、と声をかけて

無法松の？

とこちらが発すれば

「一生」

と男性なら応えてくれることが多いです。

これは、“無法松の一生”という村田英雄のヒット曲です。同じように

旅姿？
「3人男！」

リンゴの？
「ひとりごと」

このように、曲の題名を掛け合うようにやり取りするのも楽しいものです。歌った歌手の話に発展することもあります。また、民謡を歌いかけるのも良いです。♪草〜津　よいと〜こ　一度はおいで〜　まで歌うと「ドッコイショ」という言葉が返ってくることもあります。♪ヤーレンソーランソーランソーランソーランソーランと歌うと「ハイーハイ！」と返ってきます。

ここでポイントは、囃子ことばの前や、調子を合わせる言葉の前で歌を止めることです。相手の方から「ハイーハイ！」が返ってくるのを待つ、その“間”が対話を和ませてくれます。

9
音楽対話の場所
〜一番リラックスできる空間が望ましい〜

音楽対話は集団歌唱と異なり、２人または少人数で行う活動なので、場所の制約はないと思っています。病室のベッドサイド、施設の個室、食堂の一角、訪問サービスでは、相手の方のご自宅でも可能だと思います。起き上がることが難しい場合は、ベッドで仰向けになった姿勢のままでも可能です。

グループホームに入居の90代の女性、清原さんとの対話は、ベッドに仰向けになった状態で進め、とても豊かな内容に発展しました。食事を拒否するようになり、他の入居者との交流も避けるようになったことを、職員さんがとても心配をしていたので、音楽療法のあとに、清原さんの居室に入りました。ベッドで仰向

けに寝たまま、リビングから流れてくる入居者の歌声を聴いていたようでした。

今日、みんなで歌をうたっていたのですが、聴こえましたか？

と声をかけると

「はい、楽しかったですよ」

と閉じていたまぶたを開いて応えてくれました。そして、清原さんが長年住んでいたドイツの音楽についてお尋ねしました。対話はその後、オペラのこと、ヨーロッパ人と日本人の体格の違いなどに広がりました。職員さんが、清原さんの食欲がないことを心配していることを伝えると

「ドイツではなんでもいただきました。
ドイツでは、屋台にフランクフルトやソーセージをぶら下げてね。
100種類くらいあるんです、そこから選ぶのは楽しかったわ」

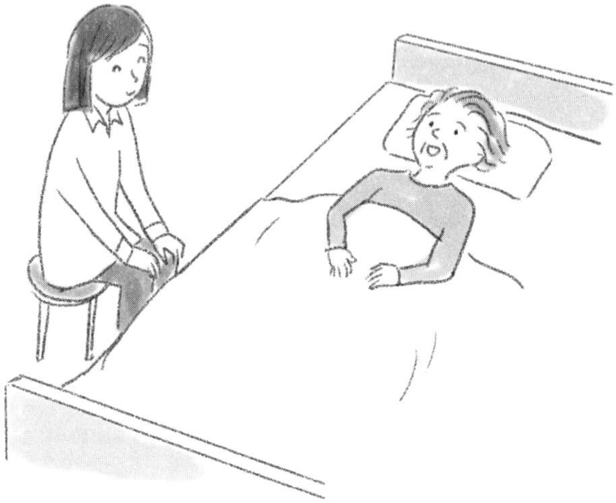

「朝はにぎやかでしたね、1メートルくらいあるパンをかついで
家に戻るの、それをみんなで食べるんです」

と活発にお話しくださいました。その時に気づいたのは、仰向けでも対話は成立する、ということです。天井の白い板に、当時のドイツの朝の様子が映し出されたかのように、生き生きとお話をされました。そして、対話の最後に、清原さんが好きな“浜辺の歌”をその場で私が歌った時のことです。驚いたことに、掛け布団の腹部のあたりが上下していたのです。華奢な体つきでしたのに、歌のメロディに合わせて呼吸が腹式になっていたようでした。

その後、職員さんの介助でベッドから起き上がり、入居者のみなさんと同じテーブルで昼食のカレーを召しあがっているのを見届けて、私は静かにホームをあとにしました。

音楽対話の相手の方がリラックスすることができれば、場所は問わないと、この時、感じることができました。

＊1　佐久川肇（編）『質的研究のための現象学入門第2版――対人支援の「意味」をわかりたい人へ』医学書院、2013

＊2　水島恵一（編）『カウンセリング』放送大学教育振興会、1996

第3章

音楽対話が
大切にしている
7枚の葉

1

老年期を生きる人々からのメッセージ

高齢者の存在は、大地に根を張る大樹のように感じることがあります。太い幹には、歩んでこられたそれぞれの方の人生が、その中心部には、一人ひとりの心を支えてきた精神的支柱が、そして、陽を浴び風に揺れる葉には、その人の内面が映し出されているように感じられます。この１枚１枚の葉は、高齢者のみなさんが長年大切にしてきた生命の源でもあると感じます。音楽対話では、この葉に語りかけるように進めます。

１枚目の葉	風	季節の移り変わりを感じてきた葉
２枚目の葉	心	その人らしさを守り抜いてきた葉
３枚目の葉	笑	ほほえみとほがらかさがにじみ出る葉
４枚目の葉	安	安らぎに包まれた葉
５枚目の葉	気	生きる力を蓄え英気を養う葉
６枚目の葉	絆	他者への思いをあたためる葉
７枚目の葉	希	未来への希望に満ちた葉

年齢を重ねる中で、時にこれらの葉や枝に活力がなくなる時があります。理由はさまざまです。でも必ずまた、みずみずしさを取り戻し、力強い姿を見せてくれます。

私は高齢者の方々の“生”を支え、対話の相手の方、一人ひとりの主体性に語りかけることに重点を置いた音楽療法をめざし、実施してきました。そして、老年期を生きる人々の主体的な“生”とは何だろうと考え続けていた時に、グループホームのリビングで談笑する入居者のみなさんの表情から、それぞれの方の“生”を私なりに感じ取ることができました。そこで浮かんだ“生”を７枚の葉に例えました。これらは、高齢者の方々の生きる力の象徴のように映ります。

７枚の葉を見つめながら、療法という枠を超えて、音楽対話というかかわりを続けてきました。音楽と対話が栄養となって、根から幹へ、幹から枝を通って葉へと送り込まれた時に、相手の方の人生に輝きが増すことを願っています。

2
７枚の葉がみずみずしさを取り戻す時

1）風 季節の歌をうたう～24節気の風に歌声をのせて～

季節の移り変わりを年齢の数だけ体験してきた高齢者が語る実感は、私たちが自然とともに生きていることを、改めて感じさせてくれます。歌にはそんな季節感を伝えてくれる曲がたくさんあります。

旧暦には24節気という季節の節目があります。その節目をたどりながら歌を取り上げるのも楽しいものです。

これらの歌からは、季節感と情景が同時に想起され、さまざまな語りが生まれ

四季	24節気	新暦（およその期間）	曲名
春	立春	2月4日～8日	豆まきのうた　早春賦　ソーラン節　虹と雪のバラード
	雨水	2月19日～23日	春よこい　うれしいひなまつり　湯島の白梅 真室川音頭
	啓蟄	3月5日～9日	おぼろ月夜　どこかで春が　あおげば尊し 春一番
	春分	3月20日～24日	春がきた　さくらさくら　高校3年生　なごり雪
	清明	4月4日～8日	春の小川　荒城の月　森の水車　北国の春
	穀雨	4月20日～24日	花咲爺　花　東京ラプソディ　この広い野原いっぱい
夏	立夏	5月5日～9日	茶摘み　こいのぼり　背くらべ　ハナミズキ
	小満	5月21日～25日	夏は来ぬ　みかんの花咲く丘　お祭りマンボ 旅姿3人男
	芒種	6月5日～9日	雨　バラが咲いた　せんせい　有楽町で会いましょう
	夏至	6月21日～25日	あめふり　ほたるこい　雨降りお月　瀬戸の花嫁
	小暑	7月7日～11日	たなばたさま　うみ　東京音頭　青葉城恋唄 くちなしの花
	大暑	7月22日～27日	夏の思い出　われは海の子　海　憧れのハワイ航路
秋	立秋	8月7日～11日	静かな湖畔　月の沙漠　真っ赤な太陽　炭坑節
	処暑	8月23日～27日	椰子の実　思い出の渚　少年時代　太陽がくれた季節
	白露	9月7日～11日	故郷の空　虫のこえ　案山子　小さい秋みつけた
	秋分	9月22日～27日	月　赤とんぼ　錆びたナイフ　月がとっても青いから
	寒露	10月8日～12日	村祭り　まっかな秋　高原列車は行く　千曲川
	霜降	10月23日～27日	紅葉　里の秋　秋桜　花笠音頭
冬	立冬	11月7日～11日	旅愁　通りゃんせ　南国土佐を後にして 鹿児島おはら節
	小雪	11月22日～26日	りんごのひとりごと　いい湯だな　北の宿から　古城
	大雪	12月7日～11日	たきび　冬の星座　さざんかの宿　シクラメンのかほり
	冬至	12月21日～25日	お正月　津軽海峡冬景色　蛍の光　青い山脈
	小寒	1月5日～9日	富士山　冬景色　雪の降る町を　365歩のマーチ
	大寒	1月20日～24日	雪　スキー　雪山賛歌　アンコ椿は恋の花

＊白井明大（文）・有賀一広（絵）『日本の72候を楽しむ　旧暦のある暮らし』（東邦出版株式会社、2012）を参考に選曲は著者が行った。

ます。「トンネルの向こうに、幼なかった頃の自分が見えるようだ」と表現された男性がいらっしゃいます。まさにその通りなのだと思います。

“冬景色”の曲の２番には、〜人は畑に麦を踏む〜　という歌詞があります。「寒い日によく手伝ったよ、霜柱を踏みながらやるからキュッキュッって音がするんだ、みんなで並んでやるんだ」など、その時の動作も記憶によみがえり、立ち上がって床を踏みながら、横に進んでいく作業の手順を教えてくださいます。また、海がテーマの歌をうたったあとによく聞かれるのが「俺は山で育ったからよー、夏は川だよ、橋の上からみんなで順番に飛び込むんだ」など、歌詞にはない思い出が語られることがあります。

“お正月”の曲では、女性のみなさんから、お節料理の支度や大掃除のことなどが語られます。こちらも歌詞にはありませんが、♪もういくつ寝るとお正月〜と歌っているうちに、年末を忙しく過ごしていたお母さんとしての、また嫁、姑としての自分がよみがえってくるようです。ある時、男性から「小正月ってあるだろ、あれは女性を休めるためのものよ、１月15日ごろね、嫁を実家に戻すの、実家では男衆がメシの支度をしたりしたもんよ」と教えてくれました。

お正月という曲から、ここまで話題が広がることに驚くことがあります。歌には思い出だけではなく、生活感も詰まっていることを教えてくれます。

左の表は、高齢者の方々に好まれる曲目を、筆者が季節ごとに分類したものをもとにしています。他にも、幅広いジャンルの楽曲にみなさん親しまれています。対話の広がりとともに、季節を感じる歌詞とフレーズが浮かび、互いに曲名を思い出し合うこともあります。掲載した曲目を参考にしていただきながら、歌う機会を増やしていってください。

〈一年を通して楽しめる歌〉

季節を感じる歌以外にも、“ふるさと”“七つの子”“夕焼小焼”“よろこびの歌”“四季の歌”“上を向いて歩こう”“見上げてごらん夜の星を”等、童謡から流行歌まで、多くの人が親しみ、すぐに口ずさめる楽曲は数多くあります。また、年代ごとにその年を代表するようなヒット曲があります。

24節気の風に対して、時代の風とでも申しましょうか。西城秀樹さんが歌った

“ヤングマン”なども好評です。自然に両腕が上がり“Y・M・C・A”と頭の上で文字を描いてくださいます。テレビの歌番組を通して全国的に広まった歌は、当時を思い起こすきっかけとなり、活力をも生み出すことがあるようです。

2）心 愛唱歌・持ち歌をうたう ～心の支えとなり人生に彩を添えてくれた歌～

心とは何か、その答えは簡単ではありません。高齢者のみなさまとの対話を通して、私なりに心とは、一人ひとりの人格を形成する知・情・意に人生の経験が重なり、形作られていくものではないかと感じてきました。その一人ひとりの心に響いた歌や音楽は、かけがえのないものだと思います。残念なことに老年期になるとみなさん、その音楽に親しむ機会が少なくなります。外出の機会や他者との交流の機会の減少も影響しているでしょう。だからこそ、そばにいる人と、ともに歌うことで思い出がよみがえり、活力を取り戻される方は多くいらっしゃいます。

ホスピスでお話し相手のボランティアをしていた時のことです。70代くらいの男性のベッド横の棚に、北島三郎のCDが10枚くらい積み上げられていました。

北島三郎がお好きなんですか？

と伺うと

「サブちゃんの歌はいいよ、俺はサブちゃん命だったからよ」

「でもさ、こんなきれいなホテルみたいな病院で、
サブちゃんの歌なんて聴けないわけよ」

と遠慮がちにおっしゃいました。

同じフロアの60代くらいの女性は、談話室にピアノが置いてあるのを見つけて

「このピアノ、音が出るのかしら」

とおっしゃるので

出ますよ、わたし少しピアノ弾けますので、何かリクエストありますか？

と伺うと

「じゃ奥飛騨慕情を弾いてくれる？」

とおっしゃいました。そこでピアノで弾き始めると

「ちょっと待って、ドア閉めてくる。こんなきれいな病院で
演歌なんか流したら申し訳ないから」

と言ってドアを閉めて、廊下に音が漏れないように気遣いながらピアノの横に戻り、座りながら穏やかに歌われました。その後「冷蔵庫にあるご飯とカレーを温めて持ってきてくださらない？」とおっしゃいました。食欲が落ちていたことを心配していた看護師さんが、大変驚いていました。おそらくこの歌は、この女性にとって、とても大切な１曲だったのでしょう。一か月後に病棟を訪れた時に、その女性がお亡くなりになったことを知り、心の中で手を合わせるとともに、私にとっても“奥飛騨慕情”は強く印象に残る歌となりました。

グループホームでは、ある時、田端義夫の“かえり船”を入居者の方々と歌いました。初めにピアノ伴奏なしで歌を誘うと、民謡が得意な女性、糸井さんが、見事にこの男性歌手の歌を力強く流れるように歌われました。歌い終えると、となりにいた男性、志水さんが、目に涙を浮かべていたので、この曲がお好きなのだと察し、私が志水さんの耳元で一人でもう一度歌いました。

そして

いかがですか？

と伺うと

「ちょっと違いましたね」

とおっしゃるので、あわてて

どこが違いましたか？

と伺うと

「ふた節くらい違いました」

とおっしゃいました。

その時、ようやくわかったのです。初めに歌ってくれたとなりの席の糸井さんの方が、田端義夫の歌い方に近かったのです。それにひきかえ、私の歌声はクラシックの発声ですから、原曲とはほど遠い感覚になったのでしょう。それを「ふた節くらいちがいました」と見事に表現したのです。志水さんは、そのころ、日常生活の中では、ご自分から発言をすることはほとんどなくなり、音楽療法の時間は、まわりの方々が歌うのを横でじっと聴いている形の参加でした。

私はこの日、“かえり船”を聴いて志水さんが目に涙を浮べていたので、思わずお声をかけました。そして、対話を通して見えてきたことは、この曲が志水さんの心に響き、となりで歌っていた糸井さんの歌声が志水さんの涙を誘い、心の扉を開け、言葉を発することにつながったということです。そして、田端義夫が歌う“かえり船”こそ志水さんの人生の応援歌であり、励まされてきたのだと思います。病気が進行する前にもっとお話を聞いておきたかった、語っていただきたかったと強く思いました。

もう一人、先に紹介した（16ページ）デイサービスに通う女性、相田さんとの対話をご紹介しましょう。

相田さんは、広い部屋の後方の壁にもたれかかっていつも座っていました。一緒に歌いましょうと誘っても断られていた人です。ある時、音楽療法プログラムを始める前に聞いてみました。

音楽はお好きではないですか？

すると

「私は９つの時から奉公に出てるんで、みんなが知ってる童謡とか知らないし、そんな覚える時間なかった、今はこうして楽さしてもらってるけどね」

とおっしゃいました。私は驚きました。90代で視力が弱く、難聴でもあると職員さんから聞いていたので、つい、音楽療法への参加は難しい方だと決めつけていました。しかし、聴いてくれていたのです。そして、声をかけた日から３か月後、音楽療法プログラムで美空ひばりの曲を数曲歌い、ひばりの写真やその他のヒット曲などを参加者のみなさんと話題にしていると、相田さんが近くにいた職員さんに、急に弾んだ声で話しかけました。

「ひばりのレコードは全部持ってるんだ、持ってたけど、でも今どっかいっちゃった」

娘さんと同居されていて、自分で探し出すことは難しかったのでしょう。しかし、ひばりの歌が相田さんの人生の心の支えの歌であったことは、充分に伝わってきました。

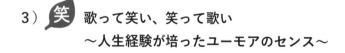

3）笑 歌って笑い、笑って歌い
～人生経験が培ったユーモアのセンス～

“会津磐梯山”を歌いながら、膝にのせた太鼓を熱心に叩いたあとで

「腕がもげそうになったよ」

と言って、バチを返してくれた男性。
“高校三年生”を歌ったあとで、歌手の舟木一夫の写真を見てもらった時に

「あっ、俺だ」

とまじめにおっしゃった男性。
菅原洋一の“知りたくないの”を歌ったあと

「俺は尻痛（しりいたく）ないの」

とダジャレを返す男性。
座骨神経痛の痛みを抱えながらも、ユーモアのセンスが光るひとことでした。
加山雄三の“君といつまでも”を歌ったあとに

「大人の集まりにはロマンも大切よ」

とおっしゃった女性。
フォークグループ赤い鳥の“翼をください”を歌ったあと

もしも背中に翼があったらどこに行きたいですか？

と伺ったら

「日本列島を端から端まで上から見てみたい」

とおっしゃった女性。

「昔の彼のところに飛んでいきたい」

と目を輝かせておっしゃった女性。
想像力の豊かさに驚きました。

ある男性は、三波春夫の“チャンチキおけさ”を歌った時に

歌詞に小皿をたたくってありますけど、どんな音がするんですか？

と尋ねると

「小皿よりも茶碗のほうがいい音するよ、ビール瓶もね」

と教えてくれました。仕事のあと、屋台で酔った勢いで、お箸で小皿やお茶碗をたたいた時の、生活感あふれるお話を聞かせてくださいました。また、歌の中で飛び出す合いの手のような手拍子や、拍子木の音や、囃子ことばも笑いを誘います。気持ちよく歌いながら「あっ、そーれ」「はー、どっこい」「チョチョンがチョン」など、集団で歌唱している時には、勢いよくかけ声や合いの手が飛び込んでくると、一気に笑いが起こります。なかには、歌い終わったあとに、その時の気分を即興的に言葉やメロディにのせて、歌の続きを作ってしまう方もいます。他には、歌ったあとの付け足し言葉も面白く、人生の先輩方の言葉あそびのセンスには、心から感服してしまいます。また時々、発声練習を兼ねて、日常でよく聞かれた名調子を、参加者全員で大きな声で発声することがあります。

「火の用心、マッチ一本火事のもと」

と一斉に発したあとには、続けて数名の方から

「さんま焼いても家焼くな」

という言葉が飛び出しました。これは一部の地域では、夜回りの時に拍子木を打ちながら用いることばとして使われていたようです。このように、歌をうたっ

たり、声を出しているうちに気分が高まり、ポンとユーモアあふれる言葉が飛び出し、私たちにも笑いを分けていただくことがよくあります。グループホームで暮らす女性、越川さんに活動前にお声をかけた時のことです。

一緒に歌いましょう

と誘った時には

「今日はやめときます。ちょっと頭が痛いの」

と言って部屋に戻ったのですが、活動中に出てこられて

「一人で部屋にいても頭がパアになっちゃうから」

と言って輪に加わり、終了後に私から

頭痛はいかがですか？

と尋ねると

「歌うとこのへん（頬）が軽くなるのね、歌ってしゃべるだけで
こんなに軽くなるのね、一人で誰ともしゃべらないでいると、
このへん（頬）重くなるもの」

と歌唱後の身体感覚をユーモラスに話してくれました。頭痛はどこかに飛んでいったようでした。

4）安 歌っていいんだ、歌うと気分がすーっとする ～ここが一番、今が一番と言える幸せ、安心～

高齢者の生活の中で、気分に影響を与えるものに「不安」があります。将来への不安という漠然としたものから、認知症の症状の一つである、行動・心理症状（BPSD）の要因にもなる「不安」があります。施設で暮らす認知症の女性が、夕暮れ時に施設の玄関の前で「家に帰らなければ」とおっしゃるのは、毎日家族の食事を用意していた主婦としての使命感からであると、あるケア従事者が教えてくれました。老年期の不安は、私たちの想像を超えるほど果てしないものであることがわかりました。

しかし、不安が緩和されたときに戻る心の着地点は、～ここが一番、今が一番～だと思います。ケア従事者の方々がめざすのも、おそらくここだと思います。

「朝目覚めた時に、一人でうたう歌を覚えたいの」

と私に話してくれたのは、グループホームで暮らす女性、浜中さん。

続けて

「朝５時ごろ目が覚めるでしょ、でも、まだみんながいるところに
出ていくのは悪いし、布団の中でジーっとしているんだけど、
その時にね、何か歌をうたおうと思うんだけど全然浮かんでこないの
みんな忘れちゃった、だから教えてほしいの」

とおっしゃいました。きっと浜中さんにとって、朝の数時間は不安との戦いだったのかもしれません。歌でもうたっていないと、何か別のことを考えてしまう、だから気持ちを奮い立たせたかったのかもしれません。その１年半後に、浜中さんが、また活動終了後に私のところに来られて、このようにおっしゃいました。

「今日は先生にお礼を言おうと思います。このところ声が出なくて
もうダメかと思っていたんです。みんなと暮らしていると

大きな声を出すことにためらいを感じるんです。
今日歌いながら“あ～あ”と声を出してみたら、
みんなの声と混ざるから出しやすいと思いました。
声が出て、まだ今年も生きられると思いました。
毎朝、こうやって自分の脈を測るんです、（左手首に右手を当てる）
止まるんじゃないかと思って。今日歌ってみて
まだ大丈夫だと思いました、それをどうしても言いたくて」

浜中さんは、生きている感覚、実感を、歌うことで確かめていたようでした。
また、別のグループホームで暮らす女性、福沢さんは、私が

これからみんなでリビングで歌をうたいますので、ご一緒にいかがですか？

と声をかけた時に、こうおっしゃいました。

「私はここにいます。まだわからないの、誰がどういう性格とか、
腹を割って話せるかどうか」

グループホームに入居して、まだ１か月足らずの時でした。しかし

いいんですよ、お部屋でもみなさんの歌声が聴こえますでしょ、
ここにいてください

と申し上げて、１時間、リビングで他の入居者のみなさんと歌いました。
その１か月後に訪問した時に、また声をかけました。

ここでの生活には慣れましたか？
「いえまだです、私の努力が足りなくて」

こう応えられました。そしてまたその翌月、リビングでいつものように入居者

のみなさんと歌をうたったあと、福沢さんの部屋を訪れました。すると、みんなで歌っていた“黒田節”や“お座敷小唄”がよく聴こえていたようで、私が部屋に入るなり

「私お酒、強かったのよ」

と楽しそうに話されました。2曲とも宴席でうたわれた歌だと気づいて、お話をされたのだと思いました。また、続けて生家の家業のことなど、初めてご自分のことを私に話してくれました。リビングから聴こえてきた入居者の歌声に、安らぎとかすかな希望を見出してくれたのではないかと、その時に感じました。

5）気 歌うと心が躍りだす
～勇気、元気、活気、一周まわって心意気～

民謡は、多くの高齢者に好まれる楽曲です。草～津、よいと～こ、一度はおいで、ドッコイショ！　このように、お風呂の湯をかき混ぜるような“動作”を伴った民謡は、特に声に力が入ります。昔の家庭のお風呂は、よく混ぜてから入らないと底のほうが冷たい、なんてことはよくありました。このような生活感のある歌は、みなさんに一体感をもたらします。そして、活力を与えてくれます。無意識に手ぶりを加えながら歌ってくださったりします。

“高原列車は行く”、“東京ラプソディ”などテンポ感のある曲は、自然に手拍子が入り、活気が生まれます。また“柔”などのような勝負をかける歌なども好まれます。歌い終わると

「俺が若い時はよー」

などと武勇伝を語ってくださったり

「村田英雄はいいよなあ」

と歌手の生き方に共感されたり、その語り口調は、とても勇ましいものになる時もあります。大学で学長をされていた私の恩師は、10代の頃、寺内タケシのエレキギターで弾く津軽三味線の曲を聴いて衝撃を受けたそうで、今でも聴くと鳥肌が立ち、元気が出ると話してくださいました。また、グループホームで暮らす女性、田丸さんは、森昌子の“せんせい”という曲を歌いながら、後半の歌詞を替え歌にして楽しんでいました。

原曲の後半部　♪おーさない私が胸こがしー♪

の歌詞のメロディに

（替え歌詞）　がーたがた　がたがた、よーたよーたーでー
こーれじゃいーけない、いーけませーん

原曲の後半続き♪せんせい　せんせい　それはせんせいー♪

のメロディの部分は

（替え歌詞）　がたがた、よたよた　がたがた、よたよたー

と歌いながら手すりにつかまって、一人でトイレに向かって歩いていたとグループホームの職員さんが教えてくれました。当時、田丸さんには、認知症の中等度の症状がありました。職員さんたちは田丸さんの心意気に圧倒されながらも、替え歌の面白さにみんな吹き出してしまったそうです。

もう一人、別のグループホームで暮らす80代の女性、今川さんとの対話をご紹介します。リビングで入居者のみなさんと歌を１時間楽しんだのち、私のそばへこられておっしゃいました。

「先生は“千の風になって”という歌をご存知ですか、去年テレビで聴いて

すごく気に入ったんです。私、夫と息子を亡くしているんです。で、あの歌聴いて、ああ私の近くにいるんだ、風になって吹いているんだって思ったの。今度みんなで歌いませんか」

そこで私から

でもみんなで歌ったら気持ちが沈んだりしませんか？

と尋ねると

「ないと思いますよ、歌がいいですから」

とおっしゃいました。今川さんの気概を感じた瞬間でした。

6）絆 “上を向いて歩こう”を二人で歌えば……
～ひとりじゃないことを実感できる～

坂本九が歌って大ヒットしたこの曲、テンポがよく心地良いメロディですが、ちょっぴり歌詞は寂しいですね。♪ひとりぼっちの夜～。施設や病院で暮らす高齢者、また一人暮らしの高齢者の方の中には、寂しさや心細さを抱えながら生きておられる人も少なくありません。

認知症治療、認知症ケアの第一人者の長谷川和夫医師が、ご自身が認知症になって感じたことの告白の中に「ぼくは、ここでもひとりなんだ」という言葉がありました。2020年１月11日に放送されたNHKのドキュメンタリー番組の中で、この言葉を聞いた時は、衝撃を覚えました。長谷川先生が提唱し、ご自身も通うことになったデイサービス、スタッフの人も一生懸命利用者さんに語りかけています。けれども、そこで抱く孤独感、これは認知症を経験した人だけがわかる感覚なのかもしれません。

グループホームで暮らす男性、松坂さんは、入所前、カラオケ大会によく参加

していました。ホームへ入所後も、近隣で開かれるのど自慢大会に参加するなど、歌うことが大好きな人でした。やがて認知症が進行し、日常生活にも不自由が多くなり、大会に参加することが難しくなったことを心配した職員さんが、昼食後、リビングでみんなで歌をうたっているところに松坂さんを誘い、ノーエ節を一緒にうたい、歌のエピソードなどを話しているうちに松坂さんが

「自分はずっとひとりで歌ってきたけど、みんなで歌うのもいいな」

とおっしゃったそうです。認知症の症状のひとつである行動・心理症状（BPSD）も抱えていたので、どこかに孤独感を抱き始めていたのかもしれません。同じフロアで暮らす入居者同士は、家族のような絆で結ばれているように感じることがあります。ひとりで道を歩いているイメージの“上を向いて歩こう”も、みんなで歌えば、ひとりじゃないことを確信できるのではないかと思います。

7）希　絶望を希望に変える力が音楽にはある ～メロディは心に沁み込み、言葉は明日を照らす希望の光となる～

ケアを届ける対象の高齢者の中には、“今”そして“未来”に絶望し、悲嘆に暮れておられる人がいて、心を痛めることがあります。みんなで歌をうたっている時に、急に涙を流す人もおられます。その理由を話してくださるまでには、時間がかかることが多いのですが、じっくりと待っていると

「この歌を聴いていた時は元気だったのに、何でこんなになっちゃたんだろう」

と少しずつ話されます。

グループホームに入所したばかりの男性、大杉さんは、なかなか新しい環境になじめず、同じフロアの女性には少々怖がられ、うまく交流できずに1週間が過ぎました。初めて参加する音楽療法の活動の時には、後ろのほうで見学していました。

大杉さんも一緒に歌いましょう

と職員さんが声をかけると

「バカバカしい」

と言って誘いを断り、憮然とした表情で私を見ていました。大杉さんのことが気になりながらも、その場にいた他の入居者のみなさんと、“案山子”“証城寺の狸ばやし”“勘太郎月夜唄”“夕焼小焼”を歌い、最後の挨拶を終えたところで、後方にいた大杉さんが右腕をまっすぐに挙げ

「みなさん　私の歌を聴いてください」

と大きな声で叫び、一人で“さざんかの宿”を熱唱されました。突然のことで、私はびっくりしてしまったのですが、みなさんがテーブルに戻ったあと、大杉さんに声をかけ、ピアノの横に来てもらいました。そして

さざんかの宿の伴奏を弾きますので、もう一度一緒に歌いませんか？

とお誘いし、イントロを弾きました。そして、はじめのフレーズを歌い始めた瞬間、大杉さんの瞳から涙があふれ、そのまま震える声で最後まで歌われました。

お好きな歌ですか？

と尋ねると

「勤めていた時、よく部下を連れてカラオケに行きました。
昼間仕事でぶつかることはよくあります。でも何とか和をと思って
考えたんです、夜カラオケに行くと仲よくなれるんです。
部長の話もあったんですけど断って一生係長でした」

絞り出すように大杉さんは語ってくれました。そして

大杉さーん

とそばに近づいてきた職員さんに対して

「さっきは勝手なことを申して、
すみませんでした」

とおっしゃいました。大杉さんは入所時、やや易怒的な症状があったために、同じフロアの女性がみな、食後すぐに部屋にこもってしまっていたそうです。避けられている、そのような空気を感じ、気持ちが限界まできていたのだと思います。「私の歌を聴いてください」この呼びかけからは、企業戦士となって働いていた時に“和”を保つために、自ら歌を活用していた大杉さんの姿が思い起こされます。そして今、ここで同じように歌い、絶望から何とか抜け出そうとしておられたのかもしれません。

認知症治療病棟に入院していた男性、塩野さんは、入院時、音楽療法には関心を示さず、参加しないで、後方で正面に背中を向けて座っていることもありました。ところが入院から３か月たったある日の午後、音楽療法のあとで、こんな風に話されました。

「この時間（15：00）いつもネガティブになるんです、もうすぐ夜、
また1日終わる。

でも、この時間にこんなに楽しいことがあると、ポジティブな気持ちになって、ひょっとしたら退院できるかもしれないって思うんです」

そして、別の日に“森の水車”を他の患者さんたちとともに歌った時に

「この歌詞の“緑の森に～”のところ、“もみじの森に～”って替えて歌ってもいいんじゃないの、秋だから」

と発言されたことがありました。塩野さんの心の中に、希望の光が差し込んでいることを、その時、感じることができました。

ここまで、音楽対話が大切にしている７枚の葉について、お一人おひとりとのかかわりを思い出しながらご紹介しました。もしかしたら、８枚目９枚目の葉が、揺れているかもしれません。私にはまだ見えていないだけなのかもしれません。この７枚の葉は、音楽を通して交わされた対話や、高齢者のみなさんの日々の暮らしのご様子から、私の中で浮かんだものです。多くの方々と対話の機会を持つことができましたが、その中でも、特にみなさんが大切にされていると思われる７項目をご紹介しました。

ではなぜ“葉”なのかと申しますと、そこに自然とともに生きてきた、相手の方の命が重なって感じられるからなのです。私にとって高齢者のみなさまは、大地に根を張る大樹のような存在です。太い幹には苦難を乗り越えてきた強さがあり、風にそよぐ葉には一人ひとりの内面が映し出されているようなイメージを持っています。音楽療法の時にはいつも“守られている”感覚を覚えます。そして、お別れの時には“寂しさ”を覚えます。

病院や施設でお会いする高齢者のみなさんは、認知症や、老年期特有の疾患を抱えておられます。大変なはずなのに、さらりとユーモアを披露されたり、アドバイスをくださったり、生き方上手だと感じることが多々あります。私はそんなみなさんを“空気を読む達人”であると思うことがあります。北風、南風、追い風、向かい風を受けながら揺れる葉は、いつも私を勇気づけ励ましてくれます。ある時、私が音楽療法を終えて施設を出ようとしていると、入居していた女性、安井

さんが、職員さんと一緒に私を見送るために玄関まで来てくれました。私が靴を履いて、楽器が入った大きなかばんを持って立ちあがった時に、安井さんが私の目を見て「気をつけてね、転ばないように歩くんだよ」と声をかけてくださいました。そして、玄関を出て歩き出したところで振り返り、安井さんが私に向かって手を振ってくださる姿を見た時から、私の中で、さまざまな困難を抱えながらも前向きに生きる高齢者のみなさんを、雨風に耐えながらも、しっかりと根を張り続ける大樹のように感じるようになったのかもしれません。

【参考文献】

白井明大（文）・有賀一広（絵）『日本の72候を楽しむ　旧暦のある暮らし』東邦出版株式会社、2012

第4章

老年期の心模様

～音楽対話事例集―風に揺れる葉～

私はこれまでに、音楽療法と音楽対話という二つのスタイルで活動をしてきました。集団音楽療法の場合は、対話を深める時間的余裕がないために、音楽が中心になりますが、活動のあとで言葉が、泉から清流が湧き出る時のように勢いよくあふれ、語られる場面に出会うことがあります。

ここで、"音楽を聴いたあとに感情が動く"という体験をそのまま語ってくださった4名の方との対話をご紹介します。

1

家族の世話に一生を捧げた女性が語った人生の振り返り

目　黒：歌の時間が終わりました。もうすぐお昼ですね。
有村さんはよく召し上がられますか。

有村さん：よく食べますよ、食べることは好きですから。外で食べると何でも高いでしょ。昔、よく友達と行きました。一人だと普通のものを、友達と一緒だと高いものを選んじゃう、何でだろうね、見栄が出ちゃうんだね。でも何で女友達ばっかりだったんだろう。男友達もいたのよ。男の人って悪口言わないから話していて楽しいの。
わたし、家が貧乏で上の学校に行かせてもらえなくて、勉強するなら看護学校にしようと思ったの。そこなら勉強できるから。病院に勤めて、患者さん、先生の間で仕事してた。先生は世界が違う、でも話は楽しかった。
男の人って難しいところもあるのよね。こっちは思われてるのかなと思ったら、くるっと違うほうを向かれて、私もまあいいやって。友達に言われちゃった、あんたお嫁に行くの？　行くこと忘れちゃったんじゃないのって。何でいかなかったんだろう。でも仕事も楽しかったし、友

達もいっぱいいた。私はこれでよかったと思ってるの。自分で自分を褒めるしかないものね。本当によかったと思うのよ。家は貧しくて農家だったけど、同級生でお金持ちの友達もいて、よく遊んでもらった。子ども同士だと差別しないのよね、仲よくしてもらった。

このあと、まだまだ語りは続きそうでしたが、お茶をすすめ、対話を終えました。1時間の活動のあとの対話でしたので、疲労が蓄積しないように配慮し、対話を終わらせました。いつもの集団音楽療法の時間のあとは、感想を伺うと「疲れました」とひとことだけ応えていた有村さん。この日だけなぜ、こんなに語ってくれたのか、理由はわかりません。ただ考えられるとしたら、1時間、他の入居者とともに、若いころに流行った歌をうたい、聴いていたことで、生きてきた時間の流れが、この日は一気に直線状につながったのではないかということです。

2

「カラオケ大会で歌う曲のレッスンをしてくれませんか」からふたり並んで音楽対話へ
～松坂さん（男性）の部屋で～

目　　黒：今日のご気分はいかがですか。

松坂さん：夜中にベッドから落ちてね。

目　　黒：今日は歌のレッスンはやめておきましょうか。

松坂さん：……

目　　黒：松坂さんが好きな演歌“窓の外の女”を歌いましょうか。

――CDを聴きながら一緒に歌う――

松坂さん：おおー、ここがサビね。

目　　黒：他に何か聴きたい曲はありますか。

松坂さん："吾亦紅"という歌があってね、
お盆に帰れなかった息子が母に詫びる歌なんだ。

目　　黒：ちょうど8月だから、今の季節にぴったりの歌ですね。

松坂さん：そうだね、この吾亦紅って、どんな花なのかわからなくて
調べたいんだけど。

目　　黒：パソコンで調べてみましょう。
この花ですね。

松坂さん：へーー

——別の日の松坂さんとの対話——

目　　黒：今日のご気分はいかがですか。

松坂さん：……

目　　黒：1曲歌ってもいいですか。
——"知りたくないの"を目黒が歌う

松坂さん：あれ、今のとこ違うなあ
——目黒が一部メロディを間違える

目　　黒：すみません、もう1回初めから歌います。
——松坂さんも一緒に歌いだす

松坂さん：ここにCDあったでしょ、だれかに持っていかれたかな。

目　　黒：だいじょうぶですよ、私もうこの歌覚えましたから。
この歌は、もともと外国の歌ですよね。

松坂さん：そうね、この人（歌詞のプリントの作詞者を指さして）が外国の曲に
日本語の歌詞つけて、それをいち早くやって成功したんだよね、
江利チエミより前だったかな。

目　　黒：アメリカの曲ですよね、そういえば、エルビス・プレスリーって
いましたね。松坂さんにとって、プレスリーとは？

松坂さん：ん……外国人！

――２人で爆笑――

目　　黒：人気あったそうですね。

松坂さん：歌のうまさじゃないね、曲じゃないかな、それが時代にハマってた、
　　　　　けっこう儲けてるよ。

目　　黒：アメリカンポップスで、カレンダーガールという曲がありますね。

松坂さん：ツイストが流行ったね、アメリカンポップスは好きじゃない、
　　　　　西部劇とかカントリーに夢中になる人もいたな。

目　　黒：松坂さんはどうでしたか。

松坂さん：まあ、様子を見ていようと思っていた。

松坂さんは、認知症の症状の進行に伴い、言葉が出にくくなっているとの情報が職員さんからあり、この日はできるだけゆっくりと対話を進めました。私が知らない戦後の洋楽のお話を聞くことができ、充実した対話でした。歌唱レッスンの申し込みから始まったかかわりは、その後、認知症の進行に伴い、音楽対話へと形は変わりました。松坂さんの語りは私にとって、昭和の大衆音楽史の授業を受けているような楽しい時間になり、気がついたら私の方が必死にノートを取る生徒になっていました。

3

職員のすすめで卓上キーボードの練習を始めた中野さん（女性）

鍵盤にドレミ（階名）のシールを貼り、プリントの階名を読み進めながら
右手人差し指１本で“茶摘み”を弾いて歌ったあとで

目　　黒：もうすぐ茶摘みの季節ですね。

中野さん：毎年やらされて大変でした。１年分のお茶、家で作ってたんですよ、

蒸かして、よって、大きな鍋で水分飛ばして、上着を着ないでシャツ1枚でやるの、汗びっしょりになってね。葉を炒るのは女、薪を焚くのは男の人、菅笠かぶってやったよ。こんなに暖かくなってたら、もう葉も出るでしょう。

目　　黒：外の気温で茶摘みの時期がわかるんですか。

中野さん：摘んだ覚えがあるから、わかるのかもしれない。

私、この”茶摘み” と”春の小川”が好き。

——別の日の中野さんとの対話：

ひとりで部屋で”春の小川”の練習をしているところに声をかける——

目　　黒：ここはレの音ですよ。（ミスを指摘）

——プリントを見ながら指を動かす——

中野さん：あっ、そう、そう、そうだったわ。

これ、先生に聞かないで弾けるといいなー。先生がいない時に、これを全部ひとりで弾けるようになると楽しいね。自由に、自分の部屋でのんびりと、ゆっくり何度も弾いてみたいわ。人に世話やかれないで、勝手に弾きたい。そーなりゃ楽しい。つまずきながら、人に言われてやるのは楽しくない。先生に、ここはあーです、こーですと言われないで弾きたいね。こんなにやさしい春の小川、何度もやってんのに何で覚えられないんだろううね。

目　黒：……

中野さんには認知症の症状の一つ、短期記憶障害がありました。簡単な曲を覚えられない自分に苦しんでいました。しかしその後、ご自分から階名を覚えることをやめ、自室で自由に鍵盤遊びを楽しむうちに、12小節の軽快な曲を自作され、毎日繰り返し楽しんでいました。ご自分で作った曲は指が覚えていくのか、毎回同じメロディを正確に再現してくれました。

ある時、この12小節のメロディを中野さんが楽しそうに弾いたあと、私から「今、どんな風景が目に浮かびますか？」と伺った時に、「子どものころね、よくタンポポの花を摘んで結んで汽車にして遊んだの、帰りが遅くなって怒られたこともあったわね」と話されました。とても軽快な曲調でしたので、花畑をタンポポの汽車で走っている場面が浮かんできたのかもしれません。そこで、この曲の題名を「タンポポの汽車」とすることを私から提案しました。

その後は、毎週対話の最初に私から「タンポポの汽車を聴かせていただけますか」とお願いすると、この曲をいつも張り切って弾いてくださるようになりました。

4

「俺は音痴だから絶対に音楽療法なんか参加せん！」

緑内障を患い、60代で失明という苦難を抱えていらした男性、矢吹さん、デイサービスの利用契約を交わす直前、プログラムに音楽療法があることがわかり、怒り爆発。参加は義務ではないことを施設長が伝え、利用を開始されました。音楽療法の活動中は、どうしても音は聴こえてくるので、職員さんの一人が矢吹さんのとなりに座り、プログラムの進行やリズム体操などの動作の説明、歌う時の歌詞の先読みなどを引き受けてくれて、矢吹さんには後方から参加してもらうことにしました。

デイサービス利用開始から1年半が経過し、音楽療法の活動中に、よく後方から曲にまつわるエピソードを大きな声で教えてくれていたこともあり、これまでの音楽療法をどのように感じているか、胸の内を知りたくて、インタビューを実施しました。

インタビュー当日の朝、私が部屋に入ると、デイサービスの主任が「もう矢吹さん　朝からいやだいやだ、嫌いな奴と話すのはいやだってうるさいんですよ」と矢吹さんの前で教えてくださり、矢吹さんは苦笑い。私がなぜ、そこまで嫌われているのかは不明なままインタビューを開始しました。

目　　黒：初めて主任から音楽療法があると聞いた時、
どんなイメージを抱きましたか。

矢吹さん：ん……

目　　黒：こちらのデイサービスを利用する前に、どこかで音楽療法に参加したことはありましたか。

矢吹さん：いや、初めて聞いた。

目　　黒：音楽療法の時間は、いつも楽しんでいただけていますか。

矢吹さん：ん……まあー
あのね、歌はだめなんだ。今うたった歌、すぐ忘れちゃうんだ。
この1年くらい頭がおかしいんだ。この辺がなんか変な感じがするんだ。
（左後頭部に左手をあてる）
たとえば“コロッケの唄”（前回のプログラム曲）とか“うちの女房にゃ髭がある”とか、♪あなーたとよべーば　あなーたとこたえるってやつね（“二人は若い”）、みんな子どものころラジオで聴いていたな。
懐かしいな、あれはもう昭和の初期の歌だ。おいらがガキのころ聴いてたんだなあ、歌ってはいないよ。聴いてただけ。

目　　黒：矢吹さんは、本当にいろんな歌をご存知ですよね、時々活動中に教えてくださいますもんね。
この間は、“ジンジロゲの歌”のことも……

矢吹さん：あれは聞きかじりだよ、父親が歌っていたのを聴いていたんだ。

目　　黒：富永さんが、この前みなさんの前で一人で歌ってくれましたね（90代後半の女性）。

矢吹さん：あれが正統だよ。
それから、あの“コロッケの唄”ね。コロッケは肉屋で売っているコロッケのことだよ。若い奥さんはお料理ができないから、買ってきて、毎日出すんだ。あれ1個5銭だったの覚えてる。おやつにソースかけてもらっておいしかった。ラードで揚げてた。今のコロッケはまずい。ジャガイモむいて、さらして、ひき肉入れて作る。戦争が始まるまであの歌あった。戦争が近づいたころ、“国境の町”が流れていたな、忘れたけど、この間、ここのプログラムで歌っていたね。あー戦時中の歌だと思い出しましたね。最近の人の歌わかんない。今の若い人はドラ声の人も多いよ。昔は声のいい人しか歌手にはならなかったよ。

目　　黒：お詳しいですね。みなさんと歌っている歌、よく聴いてくださっているのですね。ところで、いつも活動中にやっているリズム体操などはいかがですか。

矢吹さん：見えないから動きがわかんないね、覚えられないし。

目　　黒：音楽療法プログラムについて、何かアドバイスはありませんか。

矢吹さん：いつも仕方なくやってるよ。みんなはノッてるみたいだけどな。
何しろ、俺は音楽が嫌いだからね。

音楽と対話から垣間見られた老年期の心模様は、このように実に複雑で多様です。なかなか私たちには知ることができません。けれども、語られる言葉には、やわらかさとしなやかさがあります。年長者ならではの気遣いもあります。時には、荒っぽい口調で語る方もおられますが、人間味が伝わってきて、その時代を懸命に生き抜いた魂を感じることがあります。

ここにご紹介した4名の方の語りには、それぞれの方が歩んだ人生がにじみ出ています。そして異なった風景が見えてきます。音・言葉・音楽、これらに思い出が重なり合った時に広がる情景は、となりに座る私にも同じように見えることがあります。私たちが、音楽を通してともに同じ方向を見つめる先にあるもの、

それを私は“音の窓“と呼んでいます。一緒に歌ったり語ったりしながら、音楽のいやしのちからを分かち合えた先には、“音の窓”から相手の方の心の風景が見えるようです。

快晴であることもあれば、曇りのち雨のような風景もあるでしょう。その風景をともに味わい、感じ合うことができた時に、ようやく相手の方の人生のひとコマに触れさせていただいた感覚を覚えます。寄り添うケアという言葉をよく耳にしますが、実践は容易ではありません。その手ごたえを確かめる手段として、音楽対話を深めて頂けたらと思います。

第5章

音楽対話の可能性

1

老年期の心理に寄り添う

私たち人間の身体は、加齢とともに筋力や体力が低下していきます。そして、心理面でも加齢による変化が起こります。認知能力や意欲の低下、生きがいの喪失などの影響は、生活面にも表れてきます。心理学者E.H.エリクソンは、老年期の発達課題として「自我の統合」を提唱しています。人生を振り返り、肯定的に自己を受け入れることにより得られる「英知」がある一方で、その作業をうまく進めることができなかった時に生じる心理的危機を「絶望」という言葉で説明しています。

高齢者ケアの場面で出会う人々の中には、孤立を深め、絶望が膨らみ、希望が薄まってしまっている境遇の人もおられます。抱えている悩みには個人差があり、身体的なこと、経済的なこと、家族関係等さまざまです。対象者への理解を深め、音楽対話を重ねることによって、少しでも老年期の心理に寄り添うことができたらと願っています。

2

生活機能の低下を防ぐ

歌うこと、話すこと、考えること、伝えること、これらの要素を音楽対話は含んでいます。この取り組みの有用性ですが、生理的、身体的側面においては、歌うことや話すことが口腔機能や呼吸機能の働きを高め、食事を楽しみ、誤嚥性肺炎の予防にもつなげることができます。心理的側面においては、誰かと一緒に歌をうたったり会話を楽しむことで、孤独感を和らげ、ふさぎ込みがちな気分を軽くすることができます。社会的側面においては、考えをめぐらすこと、言葉で思

いを伝えることは、親愛の気持ちを高め、連帯意識を実感することにつながります。

高齢者ケアの現場では、業務の忙しさから、なかなか時間をかけて対象者の話に耳を傾けることができないのが実情です。そのような中で、音楽をかかわりのきっかけとして、対話を深めていただけたらと思います。相手の方の歌唱力、会話力・コミュニケーション能力を引き出すことは、対象者自身の生活機能の低下を防ぎ、さらには維持向上をもたらす大切なケアの一つになりうると考えます。

3
内面の充実や生きがいの再構築を経て、人とのつながりを実感

音楽を素材とした対話からは、さまざまな感情が動き出し、幸福感や達成感、充実感などをもたらすことがあるでしょう。しかし、それは音楽の力だけではなく、相手の方の人格や内面を音楽が包み込み、受容された結果、もたらされる感情でもあると思っています。したがって、同じ楽曲でも述べられる感想は異なりますし、想起される思い出もさまざまです。だからこそ、対話が大切なのだと感じます。

長い人生を、思い悩みながら生き抜いてこられた相手の方の生き方、考え方に耳を傾け、語り合い、思いをめぐらすことは、内面の充実につながるものと確信しています。相手の方が大事にしている “もの”“こと” “考え方” を再認識していただく機会の一助になることができれば幸いです。そして、生きがいを失いかけている人には、小さな希望をもたらすことができるかもしれません。

神谷美恵子氏は、著書の中で、生きがいを感じる心には“感情としての生きがい”と、“認識としての生きがいがある”[*1]と述べています。音楽と対話が、この心のどの部分に触れるのかは予測ができません。しかし、対話を重ねるうちに生きがいが再構築され、人間性や人情味があふれ出てくることはよく経験します。特に

認知症の人との対話で思うことは、取り戻したいのは記憶力ではなく、人情味なのではないかということです。

人とのつながりの中で得られる幸せや生きがいを届けたい、そして音楽には、絶望を希望に変える力があることを信じて、かかわり続けていきたいと思います。

4 私たちが分かちあえるもの、受け取れるもの

特別養護老人ホームで悲嘆を抱える高齢者に対して、スピリチュアルケアを実践してきた村田久行氏は、著書の中で、良好な援助や望ましい結果が得られた時に、援助者が受け取れるものとして、次の事柄を挙げています。

「尊敬の念、人間的交流と敬愛、精神的成長、成熟と新しい生への回心に対する感動、生の尊厳」[*2]。これらは、主に傾聴活動を通して得られた成果です。心を込めて相手の話に耳を傾けた時に受け取れるものの大きさや重みは、計ることはできません。けれども、援助者にケアを見つめ直すきっかけを与えてくれることは間違いないと思います。

私がおすすめする音楽対話は、元気な方から支援を必要としている方まで幅広く、そして、さまざまな境遇の方を対象としています。高齢者ケアに携わっていると、個々の置かれている状況と生きづらさへの理解が求められます。また、認知症を抱えた人の苦悩にも向き合うことがあります。

精神科医師であり、『認知症とは何か』[*3]を著した小澤勲氏は、著書の第２部「認知症を生きる心の世界」の第２章の中で、認知症の人の知的な“私”と情動的な“私”について述べ、後者はあまり崩れにくく、「ともに喜び合い、一緒に悲しんでいるうちに、それらは人と人とのつながりのなかにとけ込んでゆき、私たちの喜び、私たちの悲しみになり“私の情動”という感覚を超えるのではないだろうか」と指摘しています。

つまり、認知機能は低下しても感情は保たれていて、さらに、他者との協調や共感といった社会性も保たれており、むしろ、洗練されていくということではないかと感じることがあります。

そのような感性や感覚を尊重し、支持しながらかかわることによって、そこから必ず私たちが受け取れるものがあります。音楽の力が、ひょっとしたらケアに恵みをもたらしてくれることもあるかもしれません。言葉では表すことのできないたくさんの感覚を分かち合っていただきたいと思います。

＊1　神谷美恵子『生きがいについて』みすず書房、2004

＊2　村田久行『ケアの思想と対人援助』川島書店、1994

＊3　小澤勲『認知症とは何か』岩波書店、2005

第6章

共感連帯的支援としての音楽対話

グループホームで暮らす90代の女性が「音楽療法の時間のあとは、いつも感情が動くんですよ」と言い表してくれたその言葉は、その時の実感を私に伝えようとしてくださった精一杯の感想だと受けとめました。この“言葉”に込められた感覚はおそらく、その時のその方の内面、内的世界に音楽が触れたことによって、何かが覚醒し、心の奥にしまいこんでいた大切なものを感じとり、心的エネルギーのようなものが働き、語りとして導き出されたのではないかと思われます。

女性の言葉をきっかけに、音楽と高齢者の方々との間にはどのような結びつきがあるのか、どのような意義があるのかをより多くの人の生の声から問い直したくなり、音楽療法プログラムに参加された方々と交わした会話の記録を読み返すことから始めました。

そこには、戦前戦後の激動の時代を生き抜いた、強さとたくましさ、優しさ、そして知恵があふれていました。秘めた思いもありました。心に残る言葉の数々がありました。それらを高齢者ケアに携わるみなさまと共有したいとの思いから、本書をまとめました。

音楽療法の仕事を始めたころは、音楽で高齢者の人々を救いたいという、おごりと、前のめりの姿勢で接していました。しかし、音楽を受けとめる一人ひとりの心模様はさまざまです。

“人の心の痛みは計れない”
“ケアに活かす音楽は、与えるものではなく、分かち合うものだ”
“音楽と対話は共感と連帯を引き寄せる”

これが、音楽療法の仕事に携わってたどり着いた私の結論です。90代の男性がおっしゃったように「克服するのは自分なのです」。このことは、すべての高齢者が心の中で日々唱えている言葉のように感じました。私たちの役割は、克服しようとしている人々とともに音楽のいやしの力を分かち合い、そこから生まれる共感と連帯を支援に活かしていくことだと気づきました。音楽を聴いたり歌ったりしたあとに動く感情、それらが、今を生きることへの充実感を高め、幸福感を満たすことにつながるように寄り添うことの大切さを、音楽対話を通して学ぶことができました。時には、音楽を聴いたり、歌をうたったあとに涙を流される方も

おられます。音楽に触れたあとの対話が、その苦しみを和らげ、心を開放し、生きる力を再び湧きあがらせるものになってほしいと願っています。

ここでは、20数年前までの活動を溯り、交わした対話をまとめましたので、戦前の話題も出てきました。今後は音楽対話を重ねていくと、戦後の高度成長期を生き抜いてこられた方々からの、 時代の語りが聞かれることでしょう。私たちが経験したことのない、昭和のさまざまな場面が切り取られて見えてきます。その時代を空想しながらお話を伺うのも楽しいものです。

音楽対話の相手の方々の中には、認知症を抱えておられる方もいます。日ごろの会話ではなかなか引き出せなかった思いを、多く伺うことができました。その時の会話をケア従事者の方に伝えると、その方の新しい一面を知ることができたと喜んでくださったり、逆に、夜勤帯にケア従事者が患者さんや入居者さんと一緒にうたった歌などを教えてくれて、次回の音楽対話でゆっくりそのお話を深められたことがありました。

本書では、音楽対話の取り組みをお伝えしたい専門職のみなさまを、ケア従事者と呼ばせていただいています。広井良典氏は『ケアを問いなおす』*1という著書の中で、「ケアという言葉は狭くは看護や介護、中間的なものとして世話、広くは配慮、関心、気遣いという広い意味をもつ」と説明しています。高齢者のケアにあたるすべての方々に、この音楽対話を実践につないでいただきたく“ケア従事者のみなさまに向けた手引書”として本書をまとめました。

ケアの現場では対話が重要視されています。日本認知症ケア学会の理事長であり『認知症の精神療法』の著者である繁田雅弘先生は、対話の重要性を次のように述べておられます。「観察ではわからなかった不安や恐れ、困惑、戸惑い、混乱、抑うつ、焦燥など多くの自覚症状が語られることを経験する」*2。

認知症の人も、時間をかければ感情を言葉にすることができるということは、ケア従事者の方々は、すでにご経験されていることと思います。診療という限られた時間の中でも、対話を大事にされている繁田先生の言葉から、私たちはその可能性を信じることができます。さらに繁田先生は、「認知症治療の目的や目標は、疾患の種別や信仰の程度、心身の合併症だけではなく、年齢やライフスタイル、さらには価値観、人生観によっても異なるであろう」*2と説いています。

その人らしさを大切にしたケア、これは、ケア従事者が常に念頭においている理念です。対話の相手の方の心に寄り添いながらも、「見えにくくなっている本人の意思を一定方向に誘導せず、誠実に耳を傾けることが肝要である」[*2]と対話の心得を繁田先生が教えてくれています。

音楽対話にあてはめて考えてみますと、音楽で感情が動く現象は、私たちケア従事者も体験しています。私たち自身も揺れ動く中で、対人援助という専門性を心に留め、共感連帯的な姿勢で対話に臨むことが重要になっていくのかもしれません。

＊1　広井良典『ケアを問いなおす』筑摩書房、1997

＊2　繁田雅弘『認知症の精神療法』HOUSE出版、2020

おわりに

音楽には絶望を希望に変える力があります。老年期を生きる人々が、不自由を抱えながらも心豊かに過ごすことができ、ケアに従事する人々の心も同じように満たされていくことを願い、本書にそのエッセンスをまとめました。

本書にご登場いただいた方々は、認知症治療病棟の入院患者さん、認知症対応型グループホームに入居していた方、デイサービスを利用していた方です。主に80代、90代の方の語りを中心にまとめました。

老年期の心模様の項でご紹介した4名の方々との語りからは、老年期を生きる人々の希望と苦悩が伝わってきます。7枚の葉だけではなく、まだまだ未知の心模様、葉が揺れています。この本を手に取ってくださった方々が、大切な人とともに歌い、ともに奏で、語り合いながら、互いの心の距離を縮めていくことに、この音楽対話がお役に立つことを願っています。

最後に『認知症とは何か』*の著者である、小澤勲先生から届いた言葉をご紹介します。

「“音楽というチャンネルで見えてくる何か”を深めて、ぜひご教示ください。カメラに凝るとカメラの視線で物事が見えていき、日記をつけだすと日常が日記的になります。音楽から見ると認知症はどう見えてくるのでしょう？」

このメッセージを受け取ることができたのは、私が認知症の人への音楽療法について模索を続けていた時に、ふと手にした『認知症とは何か』という先生の著書が発端でした。一気に読み進め、読み終えた時には、認知症の人の心が少し見えてきたような感覚がありました。そして、何よりも医師である小澤先生の、認知症の人の心の声を代弁しているかのような叙情的な文章に感銘を受け、その読後感をしたため出版社に送ったところ、小澤先生自ら、便箋で2枚のお返事をくださいました。肺がん末期の大変苦しい病状も綴られていましたが、そのような

中でも、会ったこともない見ず知らずの読者に応援のメッセージをくださり、そして、探究し続けることの大切さを教えてくださいました。

小澤先生の言葉を励みに、今も、高齢者の方々との音楽対話を続けています。音楽対話が大切にしている７枚の葉は、私なりに見えてきた老年期の心模様を表現したものです。本書を通じてケア従事者の方々とともに、音楽のいやしの力を分かち合い、音楽対話の輪を広げていくことができたら幸いです。

音楽と対話によって紡ぎだされる物語は、相手の方が歩んでこられた人生を映し出してくれます。その模様は音楽を縦糸に、対話を横糸に、そして、一人ひとり異なる糸によって編み込まれ、描かれてゆくことでしょう。目の前に浮かび上がるその模様は、老年期を生きる人々が、私たちに生きた証を示し、何かを語りかけ、導いてくれているように思えてなりません。それらの模様が、希望という光に照らされ“ともに歩むケア”に彩を添えてくれることを心より願っています。

2021年９月

*小澤勲『認知症とは何か』岩波書店、2005

【参考文献】

１）星野悦子『音楽心理学入門』誠信書房、2015
２）斎藤環『オープンダイアローグがひらく精神医療』日本評論社、2019
３）佐久川肇（編）『質的研究のための現象学入門第２版――対人支援の「意味」をわかりたい人へ』医学書院、2013
４）水島恵一（編）『カウンセリング』放送大学教育振興会、1996
５）神谷美恵子『生きがいについて』みすず書房、2004
６）村田久行『ケアの思想と対人援助』川島書店、1994
７）小澤勲『認知症とは何か』岩波書店、2005
８）広井良典『ケアを問いなおす』筑摩書房、1997
９）繁田雅弘『認知症の精神療法』HOUSE出版、2020

著者 PROFILE

目黒　明子（めぐろ　あきこ）

国立音楽大学音楽学部教育音楽学科Ｉ類卒業。1997年より特別養護老人ホーム、単科精神科病院認知症治療病棟、総合病院緩和ケア病棟、認知症対応型グループホーム、高齢者通所介護施設にて集団・個別の音楽療法に従事。
日本音楽療法学会認定音楽療法士、精神保健福祉士、認知症ケア専門士、心身健康科学修士、日本音楽療法学会関東支部幹事。

高齢者ケアに活かす音楽対話
歌と語りで人生を紡いで

2021年11月３日　初版発行

著　者●ⓒ目黒明子
発行者●田島英二　taji@creates-k.co.jp
発行所●株式会社 クリエイツかもがわ
〒601-8382 京都市南区吉祥院石原上川原町21
電話 075(661)5741　FAX 075(693)6605
http://www.creates-k.co.jp
郵便振替　00990-7-150584
イラスト●山岡小麦
デザイン●菅田　亮
印 刷 所●モリモト印刷株式会社
ISBN978-4-86342-317-6 C0036　printed in japan

よいケア文化の土壌をつくる
VIPSですすめるパーソン・センタード・ケア第2版
ドーン・ブルッカー　イザベル・レイサム／著　水野　裕／監訳　中川経子・村田康子／訳

認知症ケアの理念「パーソン・センタード・ケア」。
調査研究で明らかになった、よいケア文化の重要な特徴7項目を新たに示した、実践に役立つガイドブック！

2640円

認知症になってもひとりで暮らせる　みんなでつくる「地域包括ケア社会」
社会福祉法人協同福祉会／編

医療から介護へ、施設から在宅への流れが加速する中、これからは在宅（地域）で暮らしていく人が増えていくが、現実には、家族や事業者、ケアマネジャーは要介護者を在宅で最後まで支える確信がないだろう。人、お金、場所、地域、サービス、医療などさまざまな角度から、環境や条件整備への取り組みをひろげる協同福祉会「あすなら苑」（奈良）の実践。

1320円

認知機能障害がある人の支援ハンドブック　当事者の自我を支える対応法
ジェーン・キャッシュ＆ ベアタ・テルシス／編著　訓覇法子／訳

認知症のみならず高次脳機能障害、自閉症スペクトラム、知的障害などは、自立した日常生活を困難にする認知機能障害を招き、注目、注意力、記憶、場所の見当識や言語障害の低下を起こす。生活行為や行動の意識、認知機能に焦点を当てたケアと技能を提供する。

2420円

認知症のパーソンセンタードケア　新しいケアの文化へ
トム・キットウッド／著　高橋誠一／訳

認知症の見方を徹底的に再検討し、「その人らしさ」を尊重するケア実践を理論的に明らかにし、世界の認知症ケアを変革！ 認知症の人を全人的に見ることに基づき、質が高く可能な援助方法を示し、ケアの新しいビジョンを提示。

2860円

認知症を乗り越えて生きる　“断絶処方”と闘い、日常生活を取り戻そう
ケイト・スワファー／著　寺田真理子／訳

49歳で若年認知症と診断された私が、認知症のすべてを書いた本！
医療者や社会からの“断絶処方”でなく、診療後すぐのリハビリと積極的な障害支援で今まで通りの日常生活を送れるように！　不治の病とあきらめることなく闘い続け、前向きに生きることが、認知症の進行を遅らせ、知的能力、機能を維持できる！

2420円

私の記憶が確かなうちに　「私は誰？」「私は私」から続く旅
クリスティーン・ブライデン／著　水野裕／監訳　中川経子／訳

46歳で若年認知症と診断された私が、どう人生を、生き抜いてきたか。22年たった今も発信し続けられる秘密が明らかに！　世界のトップランナーとして、認知症医療やケアを変革してきたクリスティーン。認知症に闘いを挑むこと、認知症とともに元気で、明るく、幸せに生き抜くことを語り続ける…。

2200円

私は私になっていく　認知症とダンスを〈改訂新版〉
3刷
クリスティーン・ブライデン／著　馬籠久美子・桧垣陽子／訳

ロングセラー『私は誰になっていくの？』を書いてから、クリスティーンは自分がなくなることへの恐怖と取り組み、自己を発見しようとする旅をしてきた。認知や感情がはがされていっても、彼女は本当の自分になっていく。

2200円

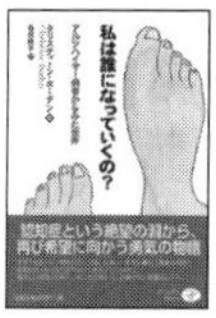

私は誰になっていくの？　アルツハイマー病者から見た世界
22刷
クリスティーン・ボーデン／著　桧垣陽子／訳

認知症という絶望の淵から再び希望に向かって歩み出す感動の物語！
世界でも数少ない認知症の人が書いた感情的、身体的、精神的な旅―認知症の人から見た世界が具体的かつ鮮明にわかる。

2200円

全国認知症カフェガイドブック　認知症のイメージを変えるソーシャル・イノベーション
コスガ聡一／著

「認知症カフェ」がセカイを変える――個性派28カフェに迫る　全国の認知症カフェ200か所以上に足を運び、徹底取材でユニークに類型化。さまざまな広がりを見せる現在の認知症カフェの特徴を解析した初のガイドブック。武地一医師（藤田医科大学病院、「オレンジカフェ・コモンズ」創立者）との対談も必読！

2200円